私が見た昭和

伝えたい時代精神と文化と力

渡辺聰子

幻冬舎
MC

私が見た昭和——
伝えたい時代精神と文化と力

はじめに

私は昭和二一年、一九四六年の生まれである。終戦のショックから一年後のことである。明日にも国家が滅びるか、今晩中にも歴史がくつがえるかと動揺していた市井の人たち。食料不足は著しく、各家庭では日々の食べ物を調達するのに大変な努力を余儀なくされていた。しかし空襲はなくなり、空襲警報が鳴るたびに防空頭巾をかぶって防空壕へ逃げ込む生活は終わった。多くの人は空襲で家も街も失った喪失感から立ち直り、復興という新たな目標に向かって懸命の努力を始めた。

終戦の後に来た戦後時代は、独特の時代精神と文化とエネルギーを生み出した。戦後の十数年間の庶民の生活は、不便で貧しく苦労も多かった。しかし誰もが「明日は今日よりも豊かになる」と信じて懸命に努力した。大人も子供も一生懸命頑張ることができたのは、心に夢があり、希望があったからである。

それともう一つ、日本人の心の中には前の時代から受け継いできた倫理観が存続しており、そうした精神的な価値が多くの人々の行動を支えていたからであろう。日本人の品位、こころざし、真心、礼儀正しさ、人々の日常生活の中にこうしたものがまだ生きていた。多くの人々は貧しい中でも礼節を失わなかった。だからこんな時代にも社会は殺伐とならなかった。

もちろん日本社会には悪い面もある。ムラ社会特有のグループ意識や排他性、しがらみの呪縛など、戦後の日本においても存在し続けていた。しかし、軍国主義時代が終わり、日本は自由と民主主義の新しい国に生まれ変わるのだと多くの人々が信じていたこの時期、新しい社会を作るという意気込みが、日本社会の良い面を表出させたのであろう。厳しい時代ではあったが、多くの人がこうした倫理観を持っていたので社会は住みにくくならず、人々は希望をもって努力を続けることができたのである。日本社会にはこのような倫理観が昭和四〇年代まではある程度行き渡っていた。しかし日本が高度成長を遂げるにしたがって次第に失われていったように思われる。

冒頭で述べたように、私は終戦の一年後に生まれた。私の数年前に生まれた人は「焼け跡世代」と呼ばれ、私の一、二年後に生まれた人は「第一次ベビーブーム世代」とかあるいは「団塊の世代」とか呼ばれる。大ざっぱに言えば私は「団塊の世代」に属することになろう。

私の思い出は、終戦直後の時代から始まる。戦争の傷跡はあちこちに残っていた。たとえば街では「傷痍《しょうい》軍人」をよく見かけた。戦地で負傷し身体に大きな損傷を残して帰還した軍人が、街の人通りが多い場所や祭りや縁日に白装束でその場に立ち、アコーディオン、ギター、ハーモニカなどを奏で、通行人から金銭をもらっていた。腕や脚を失った人が多かった。両脚が義足の人もいた。また私が住んでいた岡山市内の旭川の橋の下には戦災で家を失った人たちがむしろで囲った小屋を作って暮らしていた。

しかし、一方で、壊滅状態になった街や学校の焼け跡には復興の槌音が響き、猛烈な勢いで建物が再建されていった。そのエネルギーとモティベーションたるや驚異的なものであった。こうして始まった復興の時代はやがて高度経済成長の時代へとつながっていく。

第一章で述べるように、昭和二一年（一九四六）には蒸気機関車の牽引する急行列車で二〇時間近くかかっていた東京―岡山間の移動は、昭和四七年（一九七二）には全線電化された新幹線で四時間一〇分にまで短縮された。この間に日本の家々は、学校は、町内共同体や近隣商店街はどんな風であったか。本書は私自身が経験したこの時期の戦後昭和の世界、その空気と風景、風俗と生活文化を書き綴《つづ》ったものである。

当時のことを思い出すと希望に満ちていた懐かしい世界が心に蘇る。このほのぼのとした感覚は今の時代にも元気と力を与えてくれる。昭和も年々遠くなる今、私は戦後の昭和をずっと見てきた者として、そのような昭和の世界を見たまま、感じたままに書き記したいと思う。そうした記述の中から昭和が生み出した文化、時代精神、エネルギー、エートス（気風）など、昭和という時代の持つポジティブな面、継承していきたい面が伝わってくれば幸いである。

渡辺聰子

目次

第3章

富新町——昭和20-30年代の庶民の生活、近所、町内

第4章

今も元気な奉還町商店街

第5章

学校

第1章

蒸気機関車で岡山から「夢淡き東京」へ

急行「せと」で夢の街、東京へ

昭和二九年（一九五四）、私が小学校二年生の夏休み、蒸気機関車が牽引する夜行列車でふるさとの岡山から祖父母のいる東京へ一五時間かけて山陽本線、東海道本線で旅した時のことは、忘れられない思い出の一つである。戦後一〇年もたっていないあの時代、蒸気機関車牽引の長距離列車で旅した経験を持つ人もだんだん少なくなっていく。というのも昭和三一年（一九五六）には東海道線が全線電化されたからである。この旅からわずか二年後のことである。

昭和二九年八月初め、母と私と弟、それに見送りに行く父も一緒に私たち一家四人は岡山駅に向かった。夜行列車の急行「せと」は、午後四時二五分に岡山を出て、朝七時頃東京に着く。私たちは、西日が照りつけてうだるように暑い岡山駅のホームで汽車を待った。

母にとっては、父が昭和二一年（一九四六）に当時岡山にあった第六高等学校（旧制）の物理の教授として赴任して以来、初めての里帰りとなる八年ぶりの懐かしい東京であった。紙おむつもない当時では、よほど特別のことでもない限り、主婦が乳児をつれて長旅をすることはなかった。母は父と共に東京から岡山に移動して以来、岡山の外に出たことはなかった。私が七歳、弟が五歳になった年の夏休み、母は待ちに待った初めての里帰りを実行した。当日は朝からお弁当を作り、ボストンバッグに衣類を詰め、私はその旅行のために母がミシンで縫った新しい洋服を着た。

汽車は宇野発東京行き。瀬戸大橋の開通は昭和六三年（一九八八）のことである。橋のなかったこの時代には、四国の高松港と岡山の宇野港を結ぶ宇高連絡船が本州と四国の往来のための主要な手段だった。高松から連絡船で宇野へ渡り、宇野でこの汽車に乗車した人たちがすでに乗っている。私たちはホームに並んで汽車を待った。煙を吐きながら汽車が入ってくる。「岡山あー、岡山あー、岡山あー」と構内アナウンスの声。現在、遊園地や博物館に展示されている蒸気機関車はきれいに洗われていてピカピカ光っているが、当時の機関車は何時間も煤《すす》をかぶって走行してくるので、煤色だった。機関車の最前部の煙室扉（正面の丸い部分）の真ん中に「せと」と表示してあったと思う。父は我々母子三人と一緒に汽車に乗り込んで座席を確認してから汽車を降り、私たちの座っている座席の窓辺でホームから見送る。

当時は三等級制時代で、車両は一等、二等、三等と等級があったが、我々が乗るのは三等車である。座席はすべてボックスシートで、木枠のついた背もたれと座面には緑色のビロードが張ってあり、肘掛《ひじか》けも木で出来ていた。「リリリーーーン」というかなり長い発車の合図のベルの音。汽車を牽引するのは蒸気機関車で、C59形かC62形であったと思う。「ぼおーっ」と長い汽笛を鳴らし、蒸気の吹き出る「シュッ」、「シュッ」という音をたてながら、汽車はゆっくりと、しかし力強く動き出す。そして汽車は時間をかけて加速する。見送っている父のパナマ帽がだんだん遠ざかっていく。「シュッ」、「シュッ」という蒸気の音がだんだん速くなり、「ゴットントン」、「ゴットントン」という車輪がレールの継ぎ目を叩《たた》く音もだんだん速くなる。やがて汽車はスピードを上げ、通常運行の速度（時速約五〇キロ）で走り出す。加速時のこの独特の音響は実に哀愁に満ちていて、昭和の蒸気機関車時代を彷彿させる懐かしい音である。

弟は、次に止まった駅で「アイスクリーム、アイスクリーム」と呼ばわりながら、ホームを歩いて売りに来る立ち売りのアイスクリームをねだった。母が窓から顔を出してアイスクリームを買った。アイスクリームは丸い紙の容器に入っていて木のヘラがついていた。アイスを食べ終わると弟は窓から外を見たり、「ゴットントン」、「ゴットントン」と言いながら、車輪の音に合わせて体を揺らしたりして汽車を楽しんでいた。

当時の駅のホームは、駅弁売りやアイスクリーム売りの活躍の場だった。駅弁売りは幅七〇センチくらいあるだろうか、弁当を山盛りに積み重ねて入れた肩掛け箱を持って「弁当おー、弁当おー」と大声で連呼しながらホームを歩き、窓から顔を出して弁当を求める客に窓越しに弁当を売る。この駅弁売りの技は実に感嘆に値するものであった。汽車が止まると先頭車両から最後尾の車両まで猛烈な勢いで弁当を売っていくのである。弁当を求めるお客に弁当を渡して代金を受け取っておつりを払う、その作業を数分間の停車時間内に何回となく繰り返す。後ろの方の車両に乗っている乗客は、窓から身を乗り出して、間に合うだろうかとはらはらしながら待っている。しかし必ず間に合って、弁当売りは最後尾に到達して仕事を終える。と同時に発車ベルが鳴って汽車が出る。驚異の早業《はやわざ》であった。

夕刻に停車する駅ではこのような駅弁売りの呼び声が賑やかに響いていたが、乗客の中には家から持ってきたお弁当を食べる人も多かった。夕食の時間になると、私たちは母の作ったお弁当を食べた。おむすび、卵焼き、かまぼこなどが折りに詰まっていた。私たちは、大人の切符一枚と子供の切符一枚で乗っていたので、車掌が検札に来ると母は弟を膝の上に乗せた。弟をトイレにつれていく時には、母は私に「荷物を見ていてね」と言った。私は母を助けるつもりで、荷物に両手を回し、懸命に荷物を守った。私のその様子がおかしかったのか、母は後々まで何度もみんなにその話をしていた。

のちには長距離列車には寝台車も連結されるようになり、東海道・山陽本線では広く使われるようになるが、当時の急行「せと」は全車両が座席車で、寝台車はなかった。夜になったら座席に座ったままでうとうとする。

やがて夜が明けて窓から景色が見えるようになる。「ゴットントン」、「ゴットントン」という車輪の音と揺れは、速度が上がっても、ずっと続き、汽車の好きな子供たちを楽しませる。文部省唱歌の「汽車」に「今は山中、今は浜、今は鉄橋渡るぞと…見とれてそれと知らぬ間に、早くも過ぎる幾十里」と歌われているが、当時の急行は時速五〇キロであるから、今と比べると随分とゆっくりと景色を眺めることができた。夕方見た須磨海岸の松林や海は印象に残っている。朝になると富士山もよく見えた。静岡を過ぎて富士市あたりで、かなり長い時間富士山を眺めることができた。手前に広く広がる町のあちこちに工場の高い煙突がいくつも立っている。赤と白の太い横縞の大きな煙突が特に印象的であった。本来なら煙突など無い富士山の眺めの方がよほど趣きがあるはずであるが、子供の頃から東海道線に乗るたびにこうした光景を見ている私には煙突と富士山がセットでインプットされていて、今でも不思議と違和感を感じない。

東海道線の東京－沼津間は昭和九年（一九三四）に電化されており、したがって岡山からの上り列車は、沼津までは蒸気機関車で、沼津で電気機関車に変わる。汽車が沼津に停車すると間もなく、ガッタンという蒸気機関車を切り離して電気機関車を連結する音がする。五分くらい停車する。ここからは電気機関車になるというので、沼津を過ぎると私たちは洗面所で手や顔を洗って付着した煤《すす》を落とす。もちろん冷房はなく、窓を開けて走るので、体に煤が沢山付いている。顔を洗うと多少すっきりする。またそれまでは、トンネルに入ると、煤が窓から入って来て車中にこもるので急いで窓を閉めなければならなかった。客室内はざわめき、みんないっせいに窓を閉めていた。しかしもうその必要はない。沼津を出てしばらくすると汽車は丹那トンネルに入った。トンネルは長いけれども煤が窓から入ってくる心配はもうない。もう外はすっかり明るく、後二時間半ほどで終着の東京である。

東京駅に着くと祖母と伯母、従姉がホームまで迎えに来ていた。そのまま彼らの住んでいる石神井（練馬区）の家へ行く。祖父母の家はもともと川崎にあったが戦時中に空襲で焼けてしまったので、畑の中にある石神井の家に疎開のつもりで引っ越して戦後もそのままそこに住んでいた。その頃の石神井は畑や林が多く、祖父母の家は四〇〇坪ほどの敷地に建てられた平屋で、祖父母、伯父伯母夫妻、従姉、従兄、従弟の七人が暮らしていた。井戸を使っており、いつも大きな樽に冷たい井戸水が張ってあり、トマトやスイカが浮かんでいた。トマトは近所の農家から分けてもらっていた。直径一二センチくらいある大きなトマトだった。庭には色とりどりのグラジオラスが咲いていた。従姉は「あそこに防空壕があったのよ」と教えてくれた。

日中の温度は高い時で二八、二九度。現在の東京に比べると涼しく、特に三〇度、三一度という気温の日が多かった岡山に比べると気持ちがよかった。当時は暑いと思った岡山でも、私が記憶する限り、現在のように三五度以上になることはほとんどなく、暑い日中で三〇度、三一度という気温であった。六〇年間に進行した地球温暖化による気温上昇の大きさに驚くばかりである。

としまえん（豊島園）とウォータシュート

東京に着いて間もなく、練馬区にある遊園地、「としまえん（豊島園）」へ行った。(1)祖母、従姉、従兄、従弟、そして母と私たち姉弟。祖母は木陰の休憩所で横になって休んだが、他のメンバーは水着に着替えてプールに向かった。途中、私はみんなとはぐれて間違って非常に深いプールに飛び込んでしまった。ブクブクと何メートルか沈んだら底に足がついたので底を蹴った。すると浮かび上がって顔が水面に出た。しかしまたブクブクと沈む。底を足で蹴って水面に顔を出す。何度かこれを繰り返しているうちに、近くで浮き輪の中に入って泳いでいた高校生くらいのお姉さんが私が溺れていることに気付いたのであろう。片腕でひょいと私を救い上げてそのままにプールの縁まで引っ張っていってくれた。私は「ああ、助かった」と思いながら、みんなを探し当てて合流したが、先のことは恥ずかしくて誰にも話さなかった。プールは快適で存分に遊んだ。

としまえんには子供たちに大人気の「ウォーターシュート」というアトラクションがあった。私たちはみんなでこれに乗った。ウォーターシュートとは、お客の乗った平船を高い大きな滑り台の上から、高速で斜面の下にある水面へ滑り落とすアトラクションであり、大変スリルがある。船の舳先《へさき》に棒を持った船頭のお兄さんが乗っていて、高速で滑り降りた平船が「バッシャーン」という音と飛沫《しぶき》をあげて着水した瞬間に、お兄さんは船のバウンドを利用して大きく飛び上がるのである。私は、珍しいスリルあるこの瞬間を絵に描いて夏休み明けに学校に提出した。

としまえんのウォーターシュートは戦前の昭和二年（一九二七）に初めて設置されたが、昭和一九年（一九四四）に戦争激化のための閉園に伴い休止となった。昭和二一年（一九四六）三月の遊園地の営業再開に伴いウォーターシュートも再開。昭和四三年（一九六八）に廃止されるまでの長い年月の間に訪れた多くの子供たちの心の中に楽しい思い出を残してくれた。現在では、もっと長い、曲線のとぐろを巻いたような、水の流れるすべり台を滑り降りる「ウォータースライダー」を設置している遊園地も多い。しかしこれには、空中に飛び上がって子供たちを喜ばせる船頭のお兄さんはいないない。

ちなみに、我らが懐かしの「としまえん」は、令和二年（二〇二〇）八月三一日に閉園となり、九四年の歴史に幕を下ろした。「としまえん」は首都圏有数の規模を誇る遊園地であり、各種遊戯施設があるほか、大都会の中にあって森があり、小川が流れ、小鳥のさえずりが聞こえ、春にはソメイヨシノ、初夏のアジサイの名所として、来園者を癒してくれるオアシスとなってきた。跡地には、ワーナー・ブラザースとの連携で映画『ハリー・ポッター』のテーマパーク「ワーナー ブラザース スタジオツアー東京—メイキング・オブ・ハリー・ポッター」が建設され、令和五年（二〇二三）六月一六日にオープンした。

復興の東京、デパート、ミルク飲み人形

私たちは、伯母や従姉たちと宝塚劇場で歌劇や歌や踊りを見たり、デパートへ行ったりした。東京の街は賑やかだった。歩道は人で一杯だった。四、五列になって人々が歩いている感じだった。岡山では見たことのない光景だった。岡山では、町中でも歩道を歩く人と人の間には、距離があった。ホームで電車を待っていると数分置きに次から次に電車が来る。これも岡山では見たことのないものだった。

戦後一〇年もたっていない東京の街は復興の勢いと解放感に満ちていた。地方では東京に対する憧れのようなものが広がっていた。昭和二二年（一九四七）にリリースされて藤山一郎の歌唱でヒットした「夢淡き東京」(2)という歌は、そんな東京の雰囲気をよく表している。銀座の柳並木を飛ぶつばめや、かすみのかかる春の隅田川の川辺は、人々それぞれに淡い夢を抱かせる。

デパートにはきれいなものが沢山並んでいた。みんなは「ミルク飲み人形」の前で

足を止めた。岡山では見たことのないものだった。昭和二九年（一九五四）のことである。恐らく発売されて間もない初代「ミルク飲み人形」であったと思う。東京では子供たちの間で大人気だったので、従姉たちは私を売り場に案内したのである。

ミルク飲み人形は、薄緑色とピンクと白の縞模様の洋服を着て、共布でできたボンネットをかぶっており、赤いビニールの靴を履いていた。可愛い青い目が閉じたり開いたり。小さなガラスの哺乳瓶。ミルクを飲ませることもできる。私はとても欲しかった。母は財布と相談して躊躇《ちゅうちょ》したに違いない。しばし思案していた。子供の玩具としてはかなり高価なものだったのであろう。しかしそばから伯母が、「買ってやりなさいよ」と言った。私は結局人形を買ってもらった。

ちなみにこの人形は哺乳瓶にミルクの代わりに水を入れて飲ませると、そのまま管を通って背側の腰のあたりの穴から水が出るようになっていて、紙のおむつが付属品として入っていた。「お母さんごっこ」には持ってこいのおもちゃである。私は実際にミルクを飲ませたことはあまりなかったが、着替えさせたり、座らせたり、祖母が縫ってくれた布団に寝かせたりした。岡山では珍しかったので、友達にも見せてあげた。ミルク飲み人形は私の子供時代を通じての大切な宝物となった。

満州から帰還した従姉を訪問

母には八年振りに上京した際にどうしてもやりたいことが一つあった。当時はEメールもなく、電話もまだ普及しておらず、庶民が使える連絡の手段は手紙と電報だけだった。昭和二〇年（一九四五）の終戦直後、母は満州にいた一番上の姉を亡くしていたが、そんなことも祖母からの手紙で知らされているだけなので、上京した際に、詳しい話を聞きたいと思っていた。

母の姉は満州の奉天（現在の瀋陽）で六歳の長女と生後間もない長男を残して病死した。その数か月後に乳児だった長男も亡くなり、義兄が長女（母の姪、私の従姉に当たる、「良子ちゃん」という）を連れて日本に引き揚げて来た。しかし、その義兄も帰国して数年後に病死、良子ちゃんは父方の祖父母に引き取られていた。良子ちゃんが一、二歳の頃、彼ら一家が日本に一時帰国した際などに、まだ女学生で実家にいた母は、姪の良子ちゃんをおんぶしてよく子守りをしたという。その良子ちゃんが、幼くして両親を失ってしまってどうしているのか、ぜひとも会いたいと考えていた。

私たち母子三人は、祖母に連れられて、鎌田のおじいさん、おばあさんの家で暮らしている良子ちゃんを訪問した。良子ちゃんは一四、五歳になっていた。亡くなった母の義兄（良子ちゃんの父親）は満鉄に勤務しており、一家は終戦までピアノもある官舎に住んでいた。しかし姉が亡くなってからは、一家は大変苦労をしたようで、良子ちゃんは「私が弟のおむつを洗ったのよ」と言った。六歳だった良子ちゃんが生まれたばかりの弟のおむつを洗ったというのである。そんな話をしながらも良子ちゃんは泣かなかった。もう十分に泣いたのかもしれない。家族三人を次々に失ったのだから。しかし大人たちはみんな眼に一杯涙をためていた。

私の祖母はかねがね気になっていることが一つあり、もしわかるならそれを何とか解明したいと思っていた。それは、母の姉が亡くなった時、義兄は遺体を家の近くの川のほとりの柳の木の下に埋めたと言っていたが、その場所についてであった。私の祖母は場所がわかれば娘が埋葬されているその場所へ自分で行ってみたいと思っており、詳しく知りたい様子であった。しかし埋めた本人の義兄が亡くなってしまったので、結局正確な場所はわからなかった。そんな話を聞きながら、私は良子ちゃんのおばあさんがすすめてくれるままに、黙って目の前のお皿に盛られた甲州ぶどうを食べた。

悲しい話だったけれど、いろいろな話を聞くことができ、また良子ちゃんの元気な顔を見ることができて、母は多少安心したようであった。

鉄道の目覚ましい高速度化

こんな風にして、思い出深い私の初めての東京旅行は終わった。この最初の東京への旅行から二年後、母は私と弟を連れて再び里帰りした。蒸気機関車に牽引された同じ急行「せと」に乗った。これが蒸気機関車での最後の旅となった。東海道線の全線電化の直前のことであった。その時は、母に連れられて曾祖母の法事に参加した。駒込の家で執り行われた法事には大勢の親族が参加して賑やかだった。

私がその次に上京したのは、七年後の昭和三八年（一九六三）、高校二年生の冬のことで、翌年の受験校を下見するためであった。岡山－東京間全線が電化されていた。その時は特急「あさかぜ」に乗った。その間、昭和三一年（一九五六）には東海道本線の全線が電化され、昭和三九年（一九六四）には東海道新幹線が開通し、同時に山陽本線の全線が電化された。

東海道新幹線開業当時の新大阪－東京間の所要時間は「ひかり」が四時間、「こだま」が五時間であった。私の大学時代には岡山へ帰省する時はいつも東京から新大阪まで新幹線に乗り、新大阪から電車で大阪まで行き、大阪で在来の山陽本線の急行に乗り換えていた。

その後、昭和四七年（一九七二）には山陽新幹線が岡山駅まで開業し、東京－岡山間は新幹線で往復できるようになり、東京－岡山間の最速列車は四時間一〇分にまで短縮された。平成四年（一九九二）には、それまでの「ひかり」と「こだま」に加えて「のぞみ」の運行が開始され、所要時間はさらに短縮されて東京－岡山間は三時間二〇分となった。母が昭和二〇年（一九四五）に初めて岡山の地を踏んだ時には、二〇時間近くかかり、随分遠いところだった岡山がこうしてだんだん近くなっていった。めざましい近代化であり、高速度化だった。

ちなみに昭和二一年（一九四六）の八月、私が生まれた時に母方の祖母は東京から岡山まで手伝いに来てくれたが、当時の時刻表を調べてみると、その頃は、東京から岡山まで一九時間四〇分かかっていた。東京から岡山へ行く汽車は二二時四〇分発の門司行きの列車一本である。これに乗ると翌日の一八時二〇分に岡山駅に着く。当時私の両親は岡山市の郊外にある疎開先の備中高松町（岡山県吉備郡高松町、現在の岡山市北区高松町）に住んでいたので、岡山駅からさらにローカル線の吉備線に二〇分ばかり乗らなければならない。明治三三年（一九〇〇）生まれの祖母は我慢強い人で、当時まだ四六歳で元気であったが、二〇時間近く座りっぱなしの夜行列車の一人旅は、楽なものではなかったはずである。岡山が随分遠いところに思えたはずである。

祖母は缶詰の一杯入ったリュックを背負い、手にもできる限りの食料を持っていた。戦争が終わって一年、まだ食糧事情の非常に厳しい時期であった。食料を手に入れるために女性は着物を売って食べ物に換えたりしていた。産婆さんにはお祝いにもらっていたかぼちゃをお礼にあげたという話を母から聞いた。

現在でもさらなる鉄道の高速度化か試みられている。鉄道の高速度化は戦後の高度成長の歴史でもある。移動の時間あるいは輸送の時間が短縮されたことは、あらゆる意味でコストを削減し、生産性の向上に資することは疑いを入れない。速くて、きれいになった列車。そして近くなった東京と岡山。しかし一方、汽笛一声、蒸気機関車が牽引する急行「せと」を思い出す時、限りないノスタルジアを感じる。貴重な経験をしたと思う。生涯忘れ得ない思い出となった。

山陽本線を力走するC59型蒸気機関車。（昭和28年（1953）撮影）。
写真は特急「かもめ」であるが、著者が乗車したのは同型蒸気機関車牽引の急行「せと」である

岡山駅に停車中のC 59。（昭和33年（1958）頃撮影）（出所：『岡山の鉄道』）※

※山陽新聞社『岡山の鉄道』1987年、143頁。

国鉄の駅ホームでの駅弁立ち売り。
（昭和37年（1962）撮影）（熊本日日新聞提供）

岡山駅構内と万町（よろずちょう）踏み切り周辺。（昭和33年（1958）撮影）
岡山駅は、山陽本線に加えて四支線（伯備線、宇野線、吉備線、津山線）が出ていたためホームの数も多く、非常に大きな駅であった。この写真でも蒸気機関車の牽引する列車が何本も写っている。（出所：「昭和30年代の岡山」）

としまえんのウォーターシュート。（昭和26年（1951）撮影）船頭が飛び上がっているところ。（西武鉄道提供）

としまえんのウォーターシュート。（昭和26年（1951）撮影）着水した平船が船着き場に戻るところ。（西武鉄道提供）

昭和29年（1954）発売の
初代ミルク飲み人形

©MASUDAYA

第2章

「ヨンパチ」、六高官舎、戦後の始まり

「ヨンパチ」と六高官舎

第二章の話は第一章に書かれている事象から数年遡ることになる。私が一歳から三歳くらいまで、つまり昭和二二年（一九四七）－昭和二四年（一九四九）頃のことであり、私が遡ることのできる一番幼い頃の思い出である。

その頃、私は両親と「ヨンパチ」（四八）にあった旧制第六高等学校の官舎に住んでいた。終戦後、進駐軍に接収されていた岡山市津島の旧陸軍跡地（旧陸軍第一七師団跡地）を、進駐軍の撤収の後に、第六高等学校（旧制）（以下、六高と呼ぶ）が学舎や教官の官舎として使用するようになり、その敷地の中に私のヨンパチの家はあった。「ヨンパチ」という呼び名は戦前その地に駐屯していた旧陸軍中部第四八部隊の四十八に由来するものであろう。みんなその地区のことをヨンパチと呼んでいた。

陸軍跡地は実に広大であった。我が家は木立に囲まれた広々とした芝地に建っており、小道を隔てた向こう側には、やはり木立に囲まれた広い芝地に同じような家屋が

五、六軒点在していた。これらの家は進駐軍が撤収した後しばらくは六高の教官の官舎として使われ、後には新制岡山大学の教官の官舎として使われるようになった。(1)

私の父は東京帝国大学、理学部物理学科を卒業後、東芝中央研究所に勤務していたが、終戦直後の昭和二一年(一九四六)に母校である岡山の六高の物理の教授として赴任し、六高が新制岡山大学に包括されると同時に同大学の理学部の助教授となった。(2)

六高は昭和二〇年(一九四五)六月、後述の米軍による岡山空襲で、操山《みさおやま》の麓(国富)にあった校舎および寮の大半を焼失していた。

一方で、北郊の津島地区にあった陸軍の拠点はほとんど無傷で残り、旧陸軍中部第四八部隊・第一七師団が使用していた約二二万坪の広大な土地と約四万坪の建物が残されていて、これらの施設は終戦後は進駐軍に接収されていたが、昭和二二年(一九四七)一〇月に大蔵省(現財務省)に返還された。進駐軍が撤収して空き家となった津島の陸軍跡地のこれらの施設に、六高最後の校長であった黒正巌《こくしょういわお》が六高の一、二年生二五〇名を移して新たな学舎(分校)とした。戦後の混乱期のため、旧軍の物資を狙う窃盗団が出没したため、徹夜の盗難防止が必要となったり、兵舎を転用した津島分校の学生寮より出火して、寮一棟・校舎四棟が全焼するなど、多くの困難があったが、六高の学生たちはこれを守り抜いた。やがてこの広大な敷地と施設は新制岡山大学の津島キャンパスへと継承されることとなった。私が昭和二二年（一九四七）−昭和二四年（一九四九）頃に住んでいたヨンパチの官舎は、この津島キャンパスの中にあった。

一方、昭和二〇年（一九四五）六月の空襲で操山の麓にあった校舎および寮の大半を焼失した六高は、五年後には廃校となった。昭和二五年（一九五〇）三月に最後の卒業式が行われ、同年同月廃校となる。「ナンバースクール」と呼ばれた他の旧制高等学校と同様に、二〇世紀前半の日本のリーダー育成に大きな役割を果たした数十年の歴史に幕を下ろしたのであった。

六高は、空襲で元の校舎も寮も消失した後は、完全に復興されないまま、GHQの指導による学制改革に伴って廃校となったので、卒業生や関係者にとっては非常に寂しい結末となった。三五年間、六高の化学の教授を務めた山岡望は著書の中で「六高終末期の最大の悲劇は操麓（操山の麓の意）の校舎と校地の運命であった。…国破れてわれらは山河をも失ったのである。」と記している。[3] 多くの旧制高等学校の卒業生や関係者は限りない愛着と惜別の情を共有し、校舎焼失や廃校に伴う寂しさを分かち合うことになった。

こうした気持ちを共有する彼らは、昭和三〇年（一九五五）頃から旧制高等学校生の魂ともいうべき寮歌を歌う集いを催すようになり、各地で「寮歌祭」が開催されるようになった。旧制高校のＯＢらは、そうした寮歌祭で母校の寮歌を歌い、親睦を深めつつ、先輩が遺してくれた文化と精神を後輩に伝えようとしてきた。

しかし、年月を経るにつれ参加者の高齢化が進み、運営が困難となり、多くの寮歌祭は、閉幕を余儀なくされた。「岡山寮歌祭」もそうした寮歌祭の一つで、平成二九年（二〇一七）六月二五日、最後の会となった三八回目の会が開催された。八〇歳を過ぎた卒業生ら（ちなみに参加者の最低年齢が八五歳）は青春の思い出をかみしめながら声を張り上げ、伝統の集いを締めくくった。大会長で六高同窓会長の金政泰弘（九一歳）は「名残惜しいが仕方がない。寮歌には天下国家を論じる心意気が込められており、ぜひ今後も若い人たちに受け継いでもらいたい」と挨拶した。(4)

岡山大空襲――祖父母の家も学校も灰燼に

以上、六高の運命について書いたが、話を「ヨンパチ」に戻したいと思う。私がなぜ進駐軍に接収されていた旧陸軍の跡地「ヨンパチ」に住むことになったかという経緯を説明するには、まず終戦の数か月前に実施された米軍による岡山空襲のことを話さなければならない。また戦後復興期の人々の生活や社会の雰囲気を理解するには、多くの都市を壊滅状態にし、多くの人々に大きな衝撃と混乱をもたらした戦災の話を避けて通ることはできない。

岡山県では、昭和二〇年（一九四五）六月二二日に三菱重工水島航空機製作所のある水島が空襲され、その一週間後の六月二九日未明に岡山市が空襲を受ける。マリアナ諸島のテニアン島を飛び立ったB-29爆撃機一三八機は、紀伊水道から淡路島の南の上空を通過して、旭川河口から岡山市街地へと侵入し空爆が行われた。B-29が西に飛行しているという情報が岡山監視隊本部に入ったのは、空襲の三分前の午前二時四〇分であった。しかしながらその情報は間に合わず、空襲警報が発令されないまま空襲が始まり、一時間二四分にわたって、岡山市街に約九八〇トンの焼夷弾と約九万五七〇〇発の爆弾が投下され、市内はほぼ壊滅状態となった。[5] 市街地は一面火の海となり、逃げ場を失った多くの市民が犠牲となり死者は一七三七人に達した。

このような空襲は日本中の二〇〇以上の都市に対して行われ、昭和二〇年（一九四五）八月一五日の終戦の日まで続いた。東京都は、昭和一九年（一九四四）末以降、一〇六回の空襲を受けたが、特に昭和二〇年（一九四五）三月一〇日の「東京大空襲」（下町空襲）は大規模で、死者数が一〇万人を超えた。

岡山空襲もその被害は甚大であった。岡山の市街地は、ほぼ旧城下町に相当するが、その七割強、七三％が文字通り焦土と化した。焼失家屋二万五〇〇〇戸、焼け出された人の数は一〇万人を超えた。(6)昭和一五年（一九四〇）の国勢調査によると当時の岡山市の人口は約一六万人、世帯数は約三万六〇〇〇世帯なので、この被害がいかに甚大なものであったかがうかがえる。岡山城の天守閣（烏城）や櫓《やぐら》も焼失した。迫り来る火の手から逃れようと旭川へ逃げた人々は、川の中から、天守閣が窓という窓から紅蓮の炎を吹き出しながら焼け落ちるのを見たという。多くの国宝や重要文化財が失われた。(7)

岡山駅の西側にあった父の実家も漆喰塗りの蔵を残してすべて焼け落ちた。実家に住んでいた祖母（父の母親）と叔母（父の妹）は一族の墓所のある三門《みかど》の山（市の西北の郊外に位置する）へ逃げて無事だったが、一面の焼け野が原を見て衝撃は大きかった。

それから一か月余りたった時、人々は広島に投下された「新型爆弾」のことを聞いた。約一四万人の死者が出た。最初は何だかわからなかったけれど物凄い爆弾が落ちたことは確かであった。広島の三日後には長崎に同じような爆弾が落ちた。原爆であった。原爆の衝撃は大きく、岡山でも後々まで語り継がれることになった。特に広島は隣の県でもあったし、私たちの小学校でも遠足で原爆ドームを見学に行ったり、教室でも先生がよくその話をした。高校の修学旅行でも原爆ドームや資料館を見学した。先生の中には広島にいて被爆し、手や顔にケロイドが残っている方もいた。今でいう「平和教育」である。特に名付けてそういう授業が行われたわけではないが折に触れてごく自然に、自発的に、原爆の恐ろしさと平和の大切さが語られた。

しかし相当に凄まじかった岡山空襲のことは、その後、とりたてて語り継ぐということは、あまりなかったような気がする。被災した人たちにとっては思い出したくない、恐ろしい、つらい経験であったろうし、また復興に必死だったこともあろう。

しかし、戦後半世紀たった頃から、薄れつつある岡山空襲の記憶を風化させず後世に伝えていくために、様々な取り組みが行われるようになった。岡山市は岡山シティミュージアムに常設の「岡山空襲展示室」を設けた。また平成一七年度（二〇〇五年度）には戦後六〇周年を記念し、「戦争・戦災体験記」の募集を行い、市民から寄せられた記録を取りまとめ、ＣＤ-ＲＯＭに収め、その一部を公開している。

長い時を経て、被災した人々も「自分が生きているうちに伝えておかなければならない」と思うようになり、重い口を開くようになったのである。それぞれの記録には筆舌に尽くしがたい恐怖と困難と苦しみと悲しみが記載されている。そうした数多くの記録の中に、私のよく知っている奉還町で餅屋を営んでいた方の被災の記録があるので本章の注として引用させて頂いた[8]（本書二〇八頁第二章の注（8）参照）。奉還町が猛火に包まれた空襲の日の様子が詳しく述べられている。奉還町については第四章で詳しく述べるが、私が子供の頃よく買い物に行った商店街なので特に心に残った。

このような取り組みはここ二〇年間、全国の多くの自治体で行われるようになった。私たちはこれにより、全国の実に多くの都市で空襲があり、都市の規模も大きくなく、軍事面から見ても重要とは言えない中小都市も数多く爆撃されたことを知るようになった。戦局がますます悪化した昭和二〇年（一九四五）六月には、米軍による攻撃は、東京を始めとした大都市への攻撃から中小都市への攻撃へと対象が広がっていった。

そうした中小都市の一つである岡山への空襲については、アメリカ軍が作戦に参加する人に渡す『Target Information Sheet（目標情報票）』という米軍資料が入手されており、それによれば、岡山空襲の理由は次のように説明されている。

岡山市への空襲は、たとえより小さい都市でも、その都市が戦争遂行上少しでも重要な働きを果たすものならば、見逃されるとか無傷でいることはできないという、更なる警告となるべきものであらねばならない。もしもほかの小都市の住民が、自分たちの未来は灰色だと思っているのなら、この空襲はそれを真っ黒にするであろう。(9)

つまり、本土への度重なる激しい空襲によりすでに敗北の色を強めているにもかかわらず降伏しない日本に対し、降伏しないのであれば岡山市のような小都市でも攻撃するし、それでもまだ諦めないならもっと小さな都市も攻撃するという強い警告が込められていたのである。ただ岡山市を物理的に攻撃するのではなく、精神的な攻撃によって日本から抵抗する気力を奪おうとしたのだと言われている。

岡山が爆撃された昭和二〇年（一九四五）六月には、攻撃の対象が大都市だけでなく中小都市をも含むようになっており、軍事面から見て重要とは言えない中小都市も数多く爆撃されるようになった。全国で実に多くの都市が空襲を受けた。岡山大空襲については、以上述べてきたとおりであるが、岡山市が空襲を受けた六月二九日未明には岡山市のほか福岡県の門司市、宮崎県の延岡市（延岡大空襲）、長崎県の佐世保市（佐世保大空襲）が空襲を受けた。

ヨンパチの官舎

私が一歳から三歳くらいまで、つまり昭和二二年（一九四七）−昭和二四年（一九四九）

頃に両親と一緒に住んでいた「ヨンパチ」の官舎は、先に述べたように、岡山空襲により、操山の麓の元の校地にあった施設を焼失した六高が新たに獲得した津島キャンパスの中にあった。もう少し詳しく言うと、現在の岡山大学津島キャンパスとなっている広大な敷地の中の西南の地域にあったと考えられる。私たちが住んでいた建物は、旧陸軍第一七師団が残した建物で、進駐軍引き揚げ後に彼らが使っていた建物を六高、そして後には岡山大学が教官の官舎に転用したものであると考えられる。(10)

父が岡山の六高に赴任した当初は、父と母は岡山市郊外の備中高松町に住んでいた。そこは、岡山空襲で焼け出された父方の祖母（祖父はすでに亡くなっていた）が疎開のため一時的に移り住んでいた場所で、私の両親は私が生まれてから「ヨンパチ」に移ったようである。

ヨンパチの官舎は、木造の平屋で、勝手口を開けるとまず土間があり、土間には台所と風呂場があり、土間を上がると居間があった。居間には応接セットが置いてあり、ソファは肘掛《ひじか》けが木で出来ていて、緑とピンクの縞模様の布が張ってあった。玄関はどこかにあったと思うが私はいつも勝手口から出入りしていた。

ちなみに勝手口を開けると土間があって、土間に風呂とかまどが設置されている構造は、その頃の日本ではかなり一般的だったようである。料理も風呂も薪を使っていた。風呂を沸かすのは父の仕事で、風呂桶の下の焚き口に薪をくべて火が勢い良く燃えるようになると、父は外に出て、煙突から出る煙を見上げて眺めていた。父は帰宅すると和服に着替えることが多かった。父が着物を着て、腕組みをしながら空に上がっていく煙の様子を眺めていた姿を今も思い出す。

市の中心部から離れた郊外に位置していたために空襲を免れたヨンパチは、緑豊かなところだった。我が家は木立に囲まれた広々とした芝地に建っており、小道を隔てた向こう側の芝地には、同じような家屋が何軒か点在していた。大きな木々は夏には涼しい木陰を作り、子供たちは木の下に置かれたベンチに座ったりして遊んだ。

我が家では家の近くに小屋を作って鶏を飼っていた。なにぶん食糧難の時代であったので、市民は空き地があればそこで野菜を作ったり、鶏を飼ったりしていた。我が家の鶏は、よく卵を産み、朝から「コッコ、コッコ」とよく鳴いた。我が家ではトマトも植えていて、鶏の糞をトマトに与えると実によい肥料になり、大きなトマトが生った。母は我が家の鶏が産んだ卵でよく卵焼きを作った。

私がご飯をあまり食べないので、母がばら寿司を作って近所の官舎に住んでいた同年代の子供たちを呼んで一緒に食事をしたこともあった。近くの官舎に文《ぶん》ちゃんという私と同い年の男の子がいて、よくうちの勝手口や窓から覗いて、「さととちゃん、オック飲んだ?」と尋ねた。「さととちゃん」とは私のことで、「オック」とはミルクのことである。

食糧事情は依然として厳しく、特に子供の多い家では大変だったようである。女学校へ通っている近所のお嬢さんが「お父様がご飯を一膳食べたら、すぐに茶碗を伏せて『ごちそうさま』というので、お代わりができない」とこぼしていた。

食料不足は著しく、各家庭では日々の食べ物を調達するのに大変な努力を余儀なくされていた。しかし空襲はなくなり、夜も空襲警報が鳴ったらすぐに飛び出せる準備をして寝ることはもうない。空襲警報が鳴るたびに防空頭巾をかぶって防空壕へ逃げ込む生活は終わった。病気で歩けない家族を戸板に乗せて安全な場所を求めて逃げ惑うこともうない。戦争から解放された安心感からか、私の周囲にいる大人たちの表情は概して明るかった。城も学校も家も消失し、まさに「国破れて山河をも失った」喪失感と、それを乗り越えた底抜けの明るさとが共存していた。そんな雰囲気を私も感じ取っていたのであろう、記憶の限界にある遠い日々の思い出は穏やかで明るい色に彩られている。

弟の誕生

そんな平和なヨンパチ生活であったが、一度だけ家を離れて他所《よそ》に泊まったことがあった。昭和二四年（一九四九）五月に弟が生まれた時のことである。母は出産のため岡山市内の国立病院に入院していた。二歳九か月の私は、備中高松町に疎開していた父方の祖母の家に預けられる。

祖母は叔母（父の妹）と二人で暮らしていた。夜は木造の古い家の二階に布団を敷いてもらって寝ていた。「ママは？」と私が聞くと、祖母が「病院」と答える。「パパは？」と私が聞くと、祖母が「大学」と答える。母二三歳、父二九歳の春のことである。柱にかかっていた古い柱時計がボーン、ボーン、と鳴って何となく怖かった。祖母は、叔母のために牛乳を小鍋に入れて七輪にかけ、温めていた。叔母はその頃女学校を卒業して岡山市内にあるデパートの天満屋に勤めていたが、腎臓を悪くして実家で療養していたようである。黒光りする太い柱に掛けられた大きな柱時計。遠い、遠い昔の光景。しかし不思議に鮮明である。

さらば六高、さらばヨンパチ

高松町の祖母の家からヨンパチに帰ってからも私にとってはしばらく穏やかな日々

が続いた。しかしその翌年の三月には六高は廃校になり、その後一年前後のうちにヨンパチに住んでいた六高の教授たちの大半は他所へ移っていった。

六高の教授陣には、京都、東京、九州など他県の様々な場所からこの地に赴任した人が多く、六高の廃校にあたって新制岡山大学の教官になる人もいれば、別の大学へ移る人もいた。たとえば前述の六高の化学の教授であった山岡望は、大阪出身、第一高等学校（旧制）、東京帝大卒で、六高に三五年間勤めたが、六高が廃校になって後は、岡山大学理学部教授を一年間務めた後、東京へ移り国際基督教大（ＩＣＵ）などで教授を務めた。

山岡はその著書『六稜史筆』に「昭和二十一年春アメリカの教育視察団の勧告が現れ、いわゆる六三制を立てた学校教育法がその翌年四月から実施に移された。あれよあれよという間もなく、わが高等学校制度は（無残に）廃止されてしまった。一本の鉛筆が倒れるよりも簡単に倒れてしまった(11)」と記している。戦後の混乱と動揺の最中に、旧制高校が新制大学に移行したことでその伝統が断絶したことを無念に思う気持ちが伝わる一節である。

私の父は、六高が廃校になって後は、新制岡山大学理学部の物理の助教授(12)となり、新しい津島のキャンパスで教えることとなった。ヨンパチには昭和二五年(一九五〇)まで住んでいたが、その年の秋、私たちはのどかで平和で緑豊かだった「ヨンパチ」に別れを告げた。引っ越し先は、岡山駅の西にある岩井富新町という町であった。富新町はいろいろな意味で「ヨンパチ」とは随分違っていた。富新町での生活については次章で述べる。

掲載写真

旧制第六高等学校。（大正15/昭和元年（1926）撮影）
（岡山県立図書館・電子図書館システム「デジタル岡山大百科」提供）

旧制第六高等学校の化学実験室における授業の光景。白衣を着て中央で講義するのは六高の名物教授として著名であった化学の山岡望教授である。（大正15/昭和元年（1926）頃撮影）（出所：「昭和30年代の岡山」）

岡山空襲で焦土と化した岡山駅前一帯。駅舎だけがポツンと建つ。
（昭和20年（1945）6月撮影）（出所：『岡山の鉄道』）※

ヨンパチに住んでいた頃の著者（3歳）（右から2人目）と両親と弟。
（昭和24年（1949）撮影）

※山陽新聞社『岡山の鉄道』1987年、173頁。

旧陸軍第17師団が残した建物。師団が置かれた明治44年の築である。著者が両親と住んでいた「ヨンパチ」の六高官舎もこのような様式の一戸建て住宅であったが、この建物より大きく、煙突が付いていた。岡山大学開設に際し、旧陸軍兵舎の大部分は取り壊されて鉄筋コンクリートの近代的な校舎が建てられたが、残されたいくつかの建物は、現在も大学の施設として利用されている。この写真の建物は、旧陸軍の衛兵所。現在は岡山大学情報展示室として使用されている。
（現在は国登録有形文化財）（令和４年（2022）撮影）（岡山大学提供）

第3章

富新町——昭和20—30年代の庶民の生活、近所、町内

富新町

●れんげ畑や田んぼで遊ぶ

前章で述べたヨンパチ（旧陸軍第一七師団跡地）には昭和二五年（一九五〇）まで住んでいた。その年、私たちは、岡山駅の西にある岩井富新町というところに引っ越した。岡山大空襲の際に爆撃を免れた地域で、まだ田んぼや空き地がところどころに残っていた。春には田んぼ一面にれんげが咲いてピンクの絨毯《じゅうたん》のようになり、用水路の土手には黄色い菜の花が咲く。用水路は護岸をしていないので、自然の小川に近かった。

私の家は、新しい二階建ての木造の家で、私の家が面している道路の両側はすでに家で埋まっていた。全体的に空き地や田んぼはもう少なくなり、住宅が並んでいる感じの近隣共同体であった。しかし住宅が立ち並んでいる区域を少し離れると水田や空き地がかなり残っていた。空き地や休耕地は子供たちにとっては格好の遊び場だった。

幼稚園や学校から帰るとれんげ畑でれんげを摘み、花輪を作った。水が張ってある田んぼでも遊んだ。水田に板を浮かべて舟に見立てて、棒を水中に突っ込んで板を動かしたり、別の板に乗り移ったりした。二歳年上の隣の女の子とよく遊んだ。冒険をしている気分だった。いかだに乗ってミシシッピ川を渡る「トム・ソーヤー」になったようで楽しかった。夕飯の時間まで遊んだ。

●多様な住人

富新町はその前に住んでいたヨンパチとは全く異なり、多様な職業の住人がいた。県庁に勤める人、会社に勤める人、国鉄に勤める人、八百屋、駄菓子屋、医院、お妾さん、お茶の師匠、などなど。特に土建屋が目立って多かった。土建屋というのは、大工、左官、そうした職人を管理する中小企業の経営者など、建物回りの仕事を請け負う職種の人たちである。戦後の復興期ならではの特徴であろう。

戦争未亡人も何人かいた。近くの駄菓子屋の小谷のおばさんは戦争未亡人だった。

とても愛想の良い人で、お正月には近所の子供たちに菓子包みを用意していて、店を覗くと一つずつ配ってくれた。包みの中には必ずサイコロキャラメルが入っていた。向かいの秋本さんのおばさんも戦争未亡人だったが、こちらはタクシー会社の社長のお妾さんをしていた。高校生の息子がいたが関西の寄宿舎付きの学校へ行っていた。いずれにしても、多様な住人が混在する庶民的な地域共同体であった。

●より豊かな明日を目指して――忘れなかった礼節

富新町には昭和二五年（一九五〇）から昭和三三年（一九五八）頃まで、つまり私が幼稚園、小学校に通っている期間、住んでいた。中学校に上がる頃、富新町から歩いて一五分くらいの距離にある下伊福二丁目の家に引っ越した。中学校に上がるまで暮らしていた富新町での生活は、戦後の一〇年間の日本の庶民の生活がどのようなものであったかをよく表しているように思う。概して大人も子供もみんな一生懸命働いた。それは今の日本の状況とは随分違っていた。

平成二七年（二〇一五）に行われた「はがきの名文コンクール」というコンクールへの応募者三万九五〇〇人余りの回答を分析した評論家の堺屋太一によれば、今の若者は「欲ない、夢ない、やる気ない」（これを堺屋は３Ｙと言った）で、これが現代日本の最大の危機であるという。[1] これに対し、昭和二〇年代、三〇年代の日本では、人々はとにかく無い無い尽くしの生活から脱出しなければならなかった。多くの人が「明日は今日よりも豊かになる」と信じて希望を持って懸命に努力した。その意味で当時の人々には、概して、欲があり、夢があり、やる気があった。

みんな懸命に頑張ったけれども、しかし、彼らには倫理観もあった。当時の市井の人々は貧しい中にも礼節を失わなかった。日本人の品位、こころざし、真心、礼儀正しさ、こういったものがまだ生きていた。少なくともこうしたものが当時の多くの日本人が尊ぶ価値観であった。戦後の一〇年間の庶民の生活は、貧しくて不便で苦労も多かったけれども、多くの人がこうした倫理観を持っていたので社会は住みにくくならなかった。だから人々は心の中に夢や希望をもって、努力を続けることができたのである。決して豊かではなく、苦しいことも多かった戦後の一〇年であるが、当時のことを今思い出すとなぜかほのぼのとして心が暖かくなる。希望に満ちていた懐かしい世界が心に蘇る。このほのぼのとした感覚は今の時代にも元気と力を与えてくれる。

●我が家と物置

富新町の私の家は木造の二階屋だった。階下には玄関、和室が二つ、洋間が一つ、それに台所、二階には和室が二つあった。階下の和室の一つは居間でちゃぶ台が置いてあった。宿題などもそこでやった。夏になると、南側の窓に綱を張って朝顔を植えた。朝顔を植えるのは私の仕事だった。綱は父が張った。葉っぱが茂ってよい日よけになり、紫やピンクの花が咲いた。夏の終わりには、次の年にも植えられるように種をとっておいた。

玄関の外には門があり、板塀に囲まれた庭には、槇《マキ》の木が植わっていた。庭の隅には黒く塗った木造の物置があり、私は叱られてよくその物置に閉じ込められ、謝《あやま》るまで出してもらえなかった。些細なことでよく叱られた。また叱られた理由もわからないことが多かった。今思うと母には様々なストレスがあってそのストレスを発散するために私に当たったのだと思う。今と違って家電もなく、家事は重労働であったし、長男（私の伯父）の嫁とうまくいかず一人で暮らしていた姑は難しい人であった。また母は東京で生まれ育ったので、初めて言葉や風習の異なる岡山で生活するようになって周囲の人たちに受け入れられるためには「郷に入っては郷に従え」の努力をしなければならなかった。

このように様々なストレスがあり、母は私に八つ当たりしてストレスを発散していたのだと思われるが、しかし理不尽に叱られる私は悲しかった。何をしても褒められることはなく、褒められるのは学校の保護者面談で先生が私の成績などについて褒めてくれた時だけ、先生がこう言ったという言葉を私に伝えた。しかし私は、自信をなくすことはあってもくじけることはなかった。学校は楽しかったし、友達もいた。むしろ母に同情した。

恐らく明治、大正、昭和ひとけた生まれの親には、私の母のように、叱ることはしても褒めることをあまりしない親が多かったのではないだろうか。現在では子供をしつける時、悪いことは叱るが良いことは褒めるのが当たり前とされている。私も子供や学生に対してそのような態度で接してきたし、またなるべく良いところを見つけ出して褒めるようにこころがけてきた。しかし戦前の軍国主義下で教育を受けた人たちは、厳しくすることによって人間はより良い人間になると信じていたようである。

生活

●岡山の夏、氷の冷蔵庫

岡山の夏はとても暑く、夕凪《ゆうなぎ》があって夜になっても涼しくならず、夜は蚊帳《かや》を吊って、その中でうちわであおぎながら、「暑い暑い」と言いながら、それでも朝まで寝た。非常に暑いと感じたが、それでも戦後の一〇—二〇年間を現在に比べると、気温は五度くらいは低かったような気がする。その頃は暑い日で日中の気温は三〇度、三一度のことが多かった。小学生の頃、夏休みの宿題の絵日記にその日の気温を書き込む欄があり、たいてい昼間の最高気温を書き込んでいたのでよく覚えている。六〇年間に温暖化が進み、現在では日中は三五度前後、あるいはそれ以上になることも多い。

当時は窓を開けて網戸の状態にして大きな蚊帳を吊ってその中に家族全員が入って寝た。蚊帳は深緑色で紅色の縁取りがあった。当時はもちろん冷房はなかった。初めて地下水を使った冷房が下伊福の家の座敷に一台設置されたのは、ずっと後の私が高校に入ってからであった。昭和三七年（一九六二）頃のことであった。とても涼しいのでびっくりした。

夏には氷の冷蔵庫が大活躍する。昭和三〇年代に電気冷蔵庫が使われるようになるまでは、私の家では氷を入れる冷蔵庫を使っていた。木製の二つドアの冷蔵庫の上の段に氷を入れ、下の段に冷やしておきたいものを入れて冷やすという仕組みである。毎日氷屋さんがリヤカーに氷を積んで配達に来て、一貫目とか二貫目とかの氷柱を届けてくれる。夏の暑い日には、冷蔵庫の上の段に入っている氷の一部を母がドライバーと金づちで砕いて、カルピスなどの飲み物に入れてくれた。来客があった時にも飲み物に砕いた氷を入れた。

夏は暑い岡山も冬は寒かった。母は毎朝早く起き、まずかまどの薪に火をつけてご飯を炊く。冬には同時に炭火をおこして赤くなった炭を火鉢に入れ、練炭をおこして炬燵《こたつ》に入れた。電気ストーブやインバーターを使う現在の生活からは想像もできないほど原始的であった。

●五右衛門風呂

父も母もお風呂が好きで、ほとんど毎日お風呂を沸かしていた。お風呂を焚くのは父の仕事だった。物置には薪屋に届けてもらった薪の束が山積みにしてあったが、そこから薪を取り出して風呂下の焚口に入れて最初は新聞紙で薪に火をつける。父はいつも一番先にお風呂に入ったが、父は熱いお風呂が好きで次に入る私はいつも熱いのを我慢しなければならなかった。母は家事を終えてからいつも一番最後に入っていた。

たまに家事が早く片付いてお風呂から出てすぐに寝られる時など、母はもう寝床に入っている子供たちのそばに来て横になってお話をしてくれた。家にある文学書などを子供向けにわかりやすく要約して話してくれるのである。『ああ無情』や『風と共に去りぬ』や『嵐が丘』のあらすじもこうして聞いた。また私が学校から借りてきた本で何となく難しくて私が読まないで置いてある本なども自分が読んで、話してくれることもあった。『ブルックリン横町』はこうした本の一つであった。私は寝る前のこの時間がとても好きで母のお話が楽しみであった。

我が家の風呂は五右衛門風呂といって浴槽は鋳鉄製の釜で、外にある焚口から釜の下に薪を入れて燃やし風呂釜の中のお湯を沸かす。入る時には木の床板を踏み沈めて入る。五右衛門風呂は「長州風呂」とも呼ばれ、西日本で広く使われていた。岡山では五右衛門風呂が主流であった。これに対し、当時の関東では木製の風呂桶が一般的であった。たとえば東京の石神井の親戚の家では、ヒノキで作った楕円形の木桶でできた風呂を使っていた。我が家の風呂場では、五右衛門風呂の脇に一坪くらいの体を洗う場所があり、そこには木の「すのこ」が敷いてあった。我が家ではお風呂から出る前にはよく温まるように、お湯の中で百まで数えるように父に言われていたので、この五右衛門風呂の中でいつも熱いのを我慢して一から百まで数えたことを思い出す。

昭和三〇年代初めに、私が小学校高学年の頃、この五右衛門風呂が撤去されて新しい浴槽が入り、洗い場はタイル張りになった。今でいうリフォームである。新しい浴槽の素材が何であったのか、強化プラスチックだったのか、アクリルだったのか、ホーローだったのか定かではないが、新しい水色の浴槽はきれいで近代的に見えた。一日の家事を終えた母が新しいお風呂に気持ち良さそうに浸かっていたのを覚えている。

●ぼっとんトイレ

トイレは汲み取り式だった。いわゆる「ぼっとんトイレ」である。便器の形態は和式であるが、便器内は全体に穴が開いている。下を覗くと溜まっているし尿が見える。

ポケットに入っている物など落とすともうそのままである。拾えない。

七歳の時の七五三の日のことである。私は母に着物を着せてもらっていざ出かけようとする時、トイレに行きたくなって、トイレに行った。すると運悪く、懐に入っていた筥迫《はこせこ》がそれこそボットンとトイレの中に落ちてしまった。金糸銀糸の刺繍を施した美しい筥迫だった。私は母に叱られるのを覚悟で居間に戻ったが、神社に出かける時間が迫っていて母は急いでいたので私は叱られずに済んだ。こんな風にして「ぼっとんトイレ」に大事な物を落とした人は少なくないであろう。

汲み取り式トイレでは、汲み取りの人が来るまでし尿を便槽の中に貯めておくことになるので蛆虫《うじむし》などがわかないように、母は定期的にバケツに入れた消毒液を流し込んだ。当時は農家でし尿を肥料として使っていたので、農家のおじさんが定期的に汲み取りに来た。ひしゃくで汲み取って肥桶《こえたご》に入れ、天秤棒に肥桶を下げてかついだり、リヤカーに積んで運搬した。汲み取ったものは農家の肥溜《こえだめ》あるいは野壺《のつぼ》に入れて発酵させ下肥《しもごえ》にしてから使った。

学校のトイレも汲み取り式で、臭気を防ぐために校舎から少し離れて建てられていた。汽車のトイレは汲み取り式と違って、し尿を貯めるところはなく、ただ穴が開いているだけだった。「垂れ流し式」と言われるものである。「開放型」とも言われる。用を足している時に穴の下を見ると、線路が飛ぶように後へ後へと動いていく。汽車の垂れ流し式トイレは、かなり遅くまで使われたが、昭和三九年（一九六四）の東京オリンピックの頃から垂れ流さない方式が開発され始め、タンク式が次第に整備されていった。私の家のトイレが水洗になったのは、昭和三四年（一九五九）頃で富新町の家から下伊福の家に引っ越した時だった。新しい家のトイレは水洗だった。

●行商、御用聞き

毎日の食料品などの買い物は、家の近くまで巡回してくる行商から買うことが多かった。魚屋と八百屋はほぼ毎日来た。魚屋は瀬戸内海で取れた魚介を自転車に積んで、近隣を巡回した。いつも私の家の前あたりで止まり、小さな店を広げた。まな板と包丁とバケツに入った水を持っていて、魚をさばいたり、お刺身なども作った。バケツの水は、向かいの土建屋でもらっていた。母は魚屋からよく魚を買って料理した。その頃はまだ瀬戸内海の魚介類も豊富で、鰆《さわら》、マナガツオ、ワタリガニ、ナマコなどは新鮮で美味しかった。特に鰆はばら寿司には欠かせない材料である。新鮮なものを刺身にして酢漬けにすると身が真っ白になる。これを、エビ、しいたけ、さやえんどう、錦糸卵などと一緒に具の入った寿司飯の上に並べると岡山名物のばら寿司になる。

行商の八百屋は、私の家の前あたりに来ると、大きな声で「八百屋のご用はありませんか」と呼ばわったので、みんなはこの八百屋を「八百屋の御用」と呼んでいた。「八百屋の御用」のお兄さんは何段かの棚に大人の肩の高さくらいまで商品を積み上げた荷車を一人で引いてきた。やはりうちの前あたりに荷車を止めた。「八百屋の御用」は商売人には珍しくそろばんができず、計算用紙の代わりにＢ５サイズのボール紙を持っていて、これに細かい字で足し算・掛け算の計算をして代金の計算をしていた。鉛筆は耳に挟んでいた。

行商の魚屋と八百屋から調達できないものは、たいてい家から歩いて一〇分くらいのところにある「奉還町《ほうかんちょう》」という商店街で調達した。肉は奉還町まで買いに行っていた。「奉還町商店街」は明治の初めに武士が出した店に始まり、戦災を経て現在も存続しており、地域に根付いている珍しい商店街である。奉還町については次章で詳しく述べる。

●友達のお姉さんと日本脳炎

先に述べたように、戦後の十数年間は、物のない時代で、不便で苦労も多かった。大きな苦労の一つは、感染症、特に子供の感染症の罹患であった。現在では百日咳、はしか、小児麻痺などを予防するワクチンが開発されていて、こうした病気にかかる子供の数は激減した。しかし当時は多くの子供がこうした病気にかかった。岡山県で罹患者の多かった日本脳炎もこうした病気の一つである。

近所の塚本久美子ちゃんは、私と同じ年で私の家によく遊びに来ていた。初めて久美子ちゃんの家に遊びに行った時、お姉さんのことを見た。以前から日本脳炎の後遺症のために学校に行けないで家にいるお姉さんがいることは聞いていたが、家に初めて行ってびっくりした。お姉さんは一五―一六歳だっただろうか。床の間の柱に紐でつながれていた。両足を投げ出して畳の上に座っていた。お母さんが懸命に丸いあんパンを食べさせていた。一歳の子供に食べさせるようにあんパンをお姉さんの口のところへ持っていくと、お姉さんは口を開けて一口、また一口と食べる。手足が自由に動かせないようであった。お姉さんには知的にも身体的にも障害が残ってしまったのである。

日本脳炎は、当時はワクチンもなく、毎年数千人の患者が報告され、怖い病気とされていた。日本脳炎ウイルスに感染した豚の血液を吸った蚊、主として「コガタアカイエカ」を介して日本脳炎ウイルスが人の体内に入ることによって感染する。西日本を中心に広い地域で患者は発生していたが、特に岡山では大流行したこともあり、子供たちも「コガタアカイエカに刺されないように気をつけなさい」と言われていた。

ちなみに「日本脳炎」という病名は大正一三年（一九二四）に岡山県で四四三人の死

者を出した大流行の時に初めてつけられたものであるらしい。日本脳炎患者の発生は昭和四五年（一九七〇）前後から減り始め、現在では非常に少なくなっている。日本脳炎ワクチンの普及と水田での農業形態の変化（特に灌漑排水の発展により蚊の発生場所が減少したこと、早期栽培、農薬の散布などにより、蚊の発生生育が阻止されるようになったことなど）によるものである。先に述べたように、昭和二〇年代、三〇年代には日本脳炎の罹患者は多く、特に子供と高齢者に多かった。罹患すると致死率は二〇％～四〇％で、一命をとりとめてもその半数程度に重度の後遺症が残るといわれた。

久美子ちゃんのお姉さんを見て後遺症がどういうものかを初めて認識した。何とも気の毒だった。当時私の小学校には特殊学級というクラスがあって、知的障害のある子供たちが通っていたが、久美子ちゃんのお姉さんは障害が重すぎて学校に通うことができなかったのであろう。幸いにも日本脳炎の患者数は減少し、平成四年（一九九二）以降は毎年一〇名以下の報告にとどまっている。その意味では日本脳炎はほぼ克服されたのである。

●お祭りや季節の伝統行事

昭和二〇年代、三〇年代当時は、現在に比べると、各家庭で季節の祭事や伝統行事を大切にしていた。現在では、コンピューターゲームや格安航空券での海外旅行をはじめ、多様な娯楽の選択肢が存在するが、当時では、他に娯楽が少なかったこともあり、多くの人はお祭りや季節の行事を楽しみにしていた。

私の家の近くにあった国神社の秋祭りは、賑やかなイベントであった。国神社は私の家からは歩いて一五分くらいのところにあったが、貞観二年（八六〇）創建の古い神社で氏子地域は非常に広く、岡山駅の西側の地域一帯（三九の町）を範囲に含んでいる。祭り当日は境内や神社前の道の両側に数多くの露店や屋台が並ぶ。焼きとうもろこし、イカの照り焼き、綿菓子、金魚すくい、あめ細工、子供用の髪飾りや首飾り、大人も子供も賑わいを楽しむ。きれいな衣装を着て白粉や紅で化粧したお稚児さんたちを乗せた山車《だし》も出る。我が家では毎年、ばら寿司の夕食を済ませた後、家族で出かけた。父は家で書き物をしていて母と弟と私の三人で出かけることも多かったが、父も一緒に四人で出かけることもあった。人々はみんな楽しそうだった。

お月見には、ススキを飾り、お団子を三方に乗せて月のよく見える縁側に供えた。お正月には年始の客が来て賑やかなことが多かったが、時には年始の客も交えて座敷にカルタを並べて百人一首をした。歌の読み手はたいてい母であった。毎年やっているうちに子供たちも歌を覚え、みんな参加することができた。戸外では羽根つきをした。節分には「鬼は外、福は内」と言いながら豆まきをした。

三月の桃の節句もまた思い出深い行事であった。幼稚園でもお祝いしたが、戦後四、五年しかたっていない当時、幼稚園に雛人形は無かった。そこで幼稚園は、私と同じクラスの京子ちゃんの七段の雛人形を借りてきて園内で一番大きな部屋に飾った。京子ちゃんは当時には珍しく七段の雛飾りを持っていた。家は病院でお父さんは病院の院長だった。幼稚園では赤い毛氈《もうせん》の上に並んだ七段の雛飾りの前で、みんなで歌を歌ってお祝いした。

私は家でも自分でお内裏様を飾ってお祝いした。お内裏様は、私が二、三歳の頃、東京の母方の祖母が送ってくれたもので、金屏風、ぼんぼり、桜と橘がついていて、子供の目には非常に立派なものだった。男雛も女雛も美しい顔をしていて、女雛の冠からは翡翠《ひすい》の玉が連なった飾りが両側に垂れていて豪華だった。祖母は下の段は母に買ってもらえばよいと思っていたようであるが、母に下の段の人形を買ってもらうことはなかった。しかし、私は立派なお内裏様に十二分に満足していた。毎年、自分で箱から出して床の間に飾り、母が作った海苔巻きを供えた。大きな花瓶に桃の花や菜の花を生けることもあった。春らしい美しい光景だった。

また七夕の日には、短冊に願い事を書いて庭の笹につるした。五色の短冊が風に揺れた。これも楽しかった。

こうした祭事は人々に季節感をもたらしてくれ、人々を和やかで穏やかな気持ちにしてくれた。

町内の行事

●盆踊り

岡山の夏は暑かったが、富新町のおばさんたちは元気であった。夏になると町内で盆踊りを踊るのを楽しみにしていた。学校の夏休みが始まる頃になると、町内の空き地の真ん中にやぐらが組まれた。このやぐらは夏中使われるかなりしっかりしたものだった。蓄音機（レコードプレーヤー）が持ち込まれて拡声器がセットされた。踊りの好きなリーダー格のおばさんが四、五人いて音頭をとった。夕食後、町内の主婦、小学生、中学生、高校生の女の子たちが浴衣を着て集まった。とても暑いので、子供たちはまずリーダーの一人である河田のおばさんの家で冷たい麦茶を飲んだ。河田のおばさんはとにかく盆踊りが大好きで、盆踊りが始まる時間には、大きなやかんに冷たい麦茶を用意していた。やかんの真ん中には大きな氷の塊りが入っていたので、麦茶はよく冷えていた。

リーダー格のおばさんたちが多少踊りの指導をした。しかし踊りの動作はそれほど複雑なものではないので、踊りの輪に入って前の人の動作を見習えば大体ついていくことができた。私の母も夕食の後片付けを急いで済ませると踊りの輪に加わった。私も参加することが多かった。一家の中で誰も参加しないとその家は仲間はずれになりそうな雰囲気もあり、町内の多くの女性は参加した。いわゆる日本の「村社会」である。しかし娯楽の少ない時代、盆踊りは女性たちにとってはストレス発散になり、子供たちにとっては良い運動になり、今思い出すと楽しい催しであったと思う。

よく使われた音楽は下津井節、花笠音頭などである。「下津井港はヨー、入りよて出よてヨー」で始まる下津井節は岡山県の民謡で盆踊りにはよく合う。花笠音頭は山形県の民謡で「アー、ヤッショマカショ、シャンシャンシャン」という掛け声が入っていて、これも盆踊りによく合う。そのほかにも様々な民謡が使われた。七時頃から踊り始めて、八時半頃まで踊っていたであろうか。

盆踊りが始まる前には前座のようなものがあって、歌のうまい子がマイクを持って歌謡曲を歌ったりした。やぐらのそばには小さなステージのような木の台があった。私の家の向かいの土建屋の娘さんの友ちゃんは、歌が好きで当時ヒットしていた島倉千代子の「この世の花」をステージに立ってよく歌った。この歌は雑誌「明星」に連載された小説「この世の花」が映画化されてその主題歌として作詞作曲されたもので、歌ったのは当時まだ一六歳だった島倉千代子。友ちゃんもちょうど同じ年ごろだった。「この世の花」が発売されて大ヒットしたのは昭和三〇年（一九五五）のこと。私は当時小学校三年生だった。「この世の花」は何だか大人の雰囲気のある歌だった。

●海水浴

町内で行う夏の行事としては、盆踊り以外に隣近所で誘い合わせて行く海水浴があった。みんなで連れ立って出かける海水浴は楽しかった。岡山から一番近い渋川海岸へよく出かけた。バスで一時間ほど揺られて着く浜辺は、瀬戸内海に面していて遠浅であり、明るい白砂青松の海岸線が長く続く。一キロくらいはあるだろうか、青い空には大きな入道雲が顔を出している。我が家からは、母と私と弟が参加した。私たちは、到着すると早速水着に着替えて、浮き輪で遊んだり、波打ち際でバシャバシャやったり、飛び込み台まで泳いだり、ヤドカリを捕まえたり、砂の中に寝転んだり、思い思いに海を楽しむ。

浜辺には休憩所がある。高床の幅の広い縁台をつなげたようなもので、屋根は葦簀《よしず》で出来ていて真夏の暑い日差しを遮ってくれる。お昼になると休憩所でお弁当を食べる。ごま塩のおむすびは美味しい。休憩所の脇には売店があって、大きな氷の上にスイカを切って並べている。午後からも泳いだり、遊んだりした。近所には水泳の得意な人が何人かいて、うちの隣の青井さん一家は北木島の出身で高校生と中学生のお兄さんは泳ぎが得意だったし、国鉄に勤めていた近所の岡本のおじさんも泳ぎが得意だった。

水泳の得意な五、六人が遠くに見えている島まで泳ごうということになり、出発した。一行は島まで泳いで行って帰って来たが、一緒に出かけた岡本のおじさんはいない。話によるとおじさんは島まで泳いで行くことは行ったのだが、疲れてしまって帰って来られなくなったというのである。そこで一緒に泳いだ高校生のお兄さん二人がボートを借りて、おじさんを迎えに行き、おじさんは無事帰ってきた。私はそれから桜貝を拾ったりした。桜貝は今では岡山の海岸ではほとんど見られなくなったが、その頃はいくらでも拾えた。かわいらしいきれいな桜色の貝殻である。記念撮影などして日帰りの海水浴を終えた。

青井さんの上のお兄さんについては海水浴以外にも思い出がある。体が大きく柔道が得意だったので、我が家では彼を「柔道のお兄さん」と呼んでいた。一一月の七五三の日のことである。私は七歳のお祝いの着物を着てぽっくりを履いて母と一緒に近くの国神社にお参りにいった。境内に入って階段の前で立ち止まってしまった。石の階段は急で長く、真ん中に鉄の手すりがあったが、ぽっくりを履いた私には到底上まで登れそうもなかった。その時、偶然近くにいた柔道のお兄さんが私を背負って長い階段を一気に登ってくれた。とても力持ちだと私は感心した。母は非常に感謝していた。

●映画会――『紅孔雀』や『笛吹童子』

盆踊りや海水浴以外にも近所の人たちと出かけた映画会が思い出に残っている。近くの小学校の講堂で当時子供たちに人気の高かった東映や東宝の『新諸国物語』を上映してくれた。『新諸国物語』はシリーズになっており、中でも『笛吹童子』、『紅孔雀』、『オテナの塔』などが印象に残っている。

『新諸国物語』は、昭和二七年（一九五二）から、月曜から金曜の午後六時三〇分―四五分にＮＨＫラジオで連続放送された、北村寿夫原作の一連の冒険活劇である。このラジオドラマが順次映画化されて、ラジオドラマ同様に大人気を博した。小学校へは近所の人たちが誘い合わせて出かけた。講堂の長椅子は後ろの方に移動されていて、私たちは前の方の広々した床に持ってきたゴザを敷いて座った。ステージの上にスクリーンが張られてにわかごしらえの映画館になった。

上映された映画の中でも特に印象に残っているのが『紅孔雀』である。「南紀州の静かな浜辺に住む代官、那智の嘉門は、ローマの聖者から授けられた紅孔雀の宝庫を開く金の鍵を持っていたが、それを知る元海賊の長老は、妖術師と手を組んで秘かにそれを狙っていた」というところから物語は始まる。黒潮騒ぐ南国に繰り広げられる夢と冒険と妖術合戦は、日本中の少年少女を魅了し、映画を制作配給した東映は史上空前の大ヒットを記録した。配給収入は二億四一八二万円だったというが、小学校の映画会は無料だった。主演は中村錦之助（萬屋錦之介）で、東千代之介、大友柳太朗、高千穂ひづるらが出演した。

『紅孔雀』は、ラジオで連続放送された時から子供たちを夢中にさせて大ブームとなっていたが、私も毎日ラジオを聞いていた。毎回流れる主題歌は(2)、メロディーが美しく、今でもよく覚えている。「まだ見ぬ国に住むと言う、紅き翼の孔雀鳥、秘めし願いを知ると言う、秘めし宝を知ると言う」という歌詞は子供たちを不思議な未知の世界へ誘い出してくれ、続いて流れてくる物語に対するワクワク感を高めた。

●杉社中——お茶のお稽古

家から五分くらいのところに杉さんという茶道の師匠がいて、町内の婦人たちにお茶を教えていた。杉先生は戦争未亡人で、お茶とお花を教えて生計を立てていた。弟子の多くは近所の主婦や娘さんだったが、少し遠いところから習いに来る人もいた。母は杉社中に入り、東京にいた時から習っていたお茶のお稽古を続けることにした。

私が学校から帰った時に母がいなければ、たいていはお茶だった。用事があれば杉へ行く。玄関を入るとすぐ座敷だった。母はみんなと一緒に壁際に並んで座っていて、私の顔を見るとそっと抜け出して用事を済ませた。そこは不思議な場所だった。当時衆議院議員だった江田三郎氏の奥さんや逢沢英雄氏の奥さんも来ていた。政治家の妻として、地元での選挙活動の一環として仲間作りをしていたのであろう。私も彼らからみかんなどをもらったこともあった。江田氏は革新系、逢沢氏は自民党、しかし右も左もなく、みんなリラックスしておしゃべりをしていた。後に半世紀もたってから、やはり国会議員になっていた息子さんの江田五月氏、逢沢一郎氏に東京で会った時、この話をしたら、二人共とても喜んでくれた。

お茶のお稽古場には、呉服や花器の行商も来ていた。母はよくこうした行商にうまく乗せられて着物や花器などを買ったりしていた。後楽園などでお茶会があり、母のお点前の写真が新聞に掲載されたこともあった。母は裏千家からお茶の免状をいくつももらっており、茶道を極めることに関心があったことは確かであるが、東京から新しい土地に来た母にとっては、杉社中は世間話をしたり、情報交換をしたり、くつろぐことのできる居心地の良い場所だったのであろう。

父の来客

●大山先生と伊万里の大皿

大山先生は第六高等学校（旧制）時代からの父の同僚であるが、父よりはずっと年配で、長年六高でドイツ語を教えていた。父と同じく六高の廃校と同時に岡山大学に移り、法文学部の教授をしていた。でっぷりと太っていていつも着物を着ていた。何となく風流に見えた。

この大山先生、散歩の帰りに富新町の我が家にふらっと立ち寄ることがよくあった。奉還町の骨董屋で買った伊万里の大皿を持って来て、うちでしばらく父や母と雑談をして帰ったりする。その頃の奉還町には骨董屋が何軒かあった。

私もお茶を出しに行った母について行ってしばらく客間にとどまり、みんなの話を聞くことが多かった。のどかな交流であった。その伊万里の皿はずっと後に両親から私が譲り受けて大切にしている。その当時はまだそれほど自由に外国に行けるような時代ではなかったので、戦前に留学したドイツのことが思い出されるらしく、父に宛てた年賀状に一言、「ドイツへ行きたし」と書いていたのが印象的であった。

●大学の忘年会

父は酒が好きな方だったので、若い頃は大学の忘年会などで酒を飲んで酔っぱらうこともあった。後になって父から聞いたのであるが、学部長などは座っている足元に建水（水入れ）を置いていて、大勢の人から次から次に酒を注がれても飲むふりをしてそっと足元の建水に捨てていたという。当時父はそんな芸当もできず、また結構酒に強い方だったので、注がれるままに飲んでいたのであろう。一度酔っぱらってしまって家に帰れなくなり、同僚に家まで送ってもらったことがあった。夜、家に電話がかかって来て、「先生が歩けなくなって近くのバス通りで大の字になってしまった、家がわからないので迎えにきてくれ」とのこと。母が出かけていって、みんなで父を抱えて家まで来たが、玄関でまた大の字になって寝てしまった。私もその時は父を運んで布団の上に乗せるのを手伝った。

●我が家での新年会

大学の同僚や、学生たちが家に来ると母は一生懸命に料理を作ってもてなした。お正月には毎年、学生や研究室の若い人たちが年始に来た。母はおせち料理やお酒を出してもてなした。私は料理やお酒を運ぶ手伝いをした。学生たちはお酒も飲んでいい気分になって大きな声で歌を歌ったりした。学生たちは、「浅野先生のとこへは先生だけだったら行かないけれど、奥さんがいるから行くんだ」と言っていた。

お正月以外にも学生たちから「近くまで来たんだけれど立ち寄ってもよいか」といった電話がかかってきて、何人かの学生が連れ立ってうちに来るようなことが時々あった。母は快くもてなしていた。古き良き時代の交流であった。

昭和のお母さん

●昭和のお母さんとサザエさん

昭和二〇年代―三〇年代に私が見たお母さんたちを思い出すと何か共通のイメージのようなものが浮かんでくる。私の母、友達のお母さん方、近所のおばさんたち、彼女らは、主婦として、妻として、母として家族を支え、日本の高度経済成長に大きく貢献した。日本の高度成長は、彼女らの貢献なしにはあり得なかったであろう。彼女らは特にメディアに登場することもなければ、歴史に名を残すこともない。しかし前向きで明るく、忍耐強く、そして誇り高く、一生懸命に子供たちを育て、周囲のみんなを励ました。一方、買い物が好きで、家計をやりくりして、次々と市場に登場する家電製品を購入し、経済成長に大いに貢献した。

昭和のお母さん像は、一般には、戦後民主主義の影響を受けた明るく前向きなイメージが強い。「サザエさん」に今なお根強い人気があるのは、暖かく平和な家庭、明るくはつらつとしたお母さん、みんなで賑やかに囲む食卓、喧嘩や失敗もあるけれど、だけどいつもほのぼのとした家族間の関わり合い、微笑ましいエピソードの数々、しょっちゅう声を掛け合うご近所さん、こんな懐かしい世界をみんなの心に蘇らせてくれるからであろう。(3)

昭和のお母さんの多くは、お料理好きだった。それぞれ得意料理を持っていて、来客があったり、親族が集まった時　それを披露した。また彼らはなかなかの勉強家で、テレビの料理番組などで紹介される新しい料理を早速作ってみて、夕食の食卓に並べることもあった。もちろん失敗することもあったのである。こんなことも『サザエさん』の一コマを思い出させる。

昭和の母親にはこうした明るいイメージが強いが、一方で彼らは大正時代から受け継いだ規律正しい、厳しい、そして忍耐強い面も持ち合わせていた。大なり小なり、明治大正の日本の倫理観を受け継いでいた。もちろん個人差は大きい。しかし昭和という共通の時代的背景が、みんなが共有することのできる母親像について語ることを可能にする。お母さん、お袋、おっかさん、それぞれ、呼び方は違っても、我々の思い出の中には、明るく、元気で、働き者の、つらい時に私たちを励ましてくれる優しい母親がいる。

●昭和の歌謡曲と割烹着姿のお母さん

私は時々ユーチューブで昭和の歌謡曲を聞くことがある。先日も私の好きな「星空に両手を」（昭和三八年発売。最初に原曲をデュエットしたのは島倉千代子・守屋浩の二人）という歌を聞いていたら、このコメント欄に「古き良き暖かな日本の名曲は今の時代にも大きな力を与えます。」「昔の歌はいいですね。夢がある。希望がある。そんな時代がまた来てもらいたいですね。」「昭和の歌は本当に胸の奥まで染み渡ります。」「この曲…はいつも、母親が割烹着を着て家の中にいた時の感覚のようなものを想起させてくれます」といったコメントがあった。昭和二〇年代、三〇年代に発表された名曲のコメント欄には、共感を呼ぶコメントが多い。「母親が割烹着を着て家の中にいた時の感覚」というのは「言い得て妙」である。

今は「割烹着」を着る女性はあまりいないが、昭和二〇年代、三〇年代には広く使われていた。またその頃は普段でも着物を着る女性も多く、着物を着た時にはエプロンより割烹着の方が形状的に使いやすい。幼い頃を思い出す時、瞼に浮かぶのは割烹着をかけた母の姿である。特にすぐに思い浮かぶのは着物の上に白い割烹着を着た母が寿司桶《すしおけ》（たらいのような形をしている）の中の寿司飯をしゃもじで混ぜている姿である。母は岡山名物のばら寿司をよく作った。母のそばには、うちわで寿司飯をあおいで手伝っている幼い頃の私がいる。

●夢の家電製品

昭和のお母さんはいろいろな意味で社会に、また経済に貢献した。まず何と言っても疲弊した戦後の日本の復興に大きな役割を果たした。我慢強く、働き者で、家計をやりくりして、次々と発売される便利な家電製品を買っていった。

サラリーマンの年収の調査が始まった昭和四〇年（一九六五）の平均年収は賞与を含めて四四万七六〇〇円であったから、それ以前のサラリーマンの年収は、今と比較すると驚くほど低かったと考えられる。[4] 家電製品は収入に比すると高価であったから、そう簡単には買えなかったが、主婦たちは家計をやりくりして、手に入れていった。

電気洗濯機は家事労働の負担を軽減する革命的な製品だった。洗濯機のなかった時代には、たらいに水を入れて洗濯板で衣類をこすったり叩いたり揉んだりして汚れを落としていた。古来の方法である。しかし昭和二八年（一九五三）に噴流式洗濯機が発売されてからは、洗浄力が高く洗濯時間が短く、価格も三万円弱と比較的手に入れやすくなったため、主婦層の好評を得て普及し始めた。「あれは便利よ」という主婦たちの口コミも盛んだった。

私の父は大学卒業後に東芝に勤めていたこともあり、電気製品に興味があったので、売り出されると比較的早い時期に製品を購入した。昭和二八年（一九五三）にNHKにより白黒テレビの本放送が開始され、同年、日本テレビも開局した。我が家では、白黒テレビが発売されて間もなく、私が小学校の三年生の時、昭和三〇年（一九五五）にこれを購入した。近所ではまだテレビのない家が多かったので、近所の子供たちが相撲の実況などを見に来た。当時は相撲、プロレス、プロ野球などスポーツのテレビでの観戦が盛んだった。

ちょうどこの頃から高度成長も始まり、日本経済は、その後、世界に例のない高度成長期に入っていく。テレビ・冷蔵庫・洗濯機の家電三品目が「三種の神器」と呼ばれるようになり、当時の人々にとってはいずれも高価なものであったが、努力すれば手が届く夢の商品であり、多くの家庭に普及していった。昭和のお母さんたちは、家計をやりくりして、次々と発売される便利な家電製品を買っていった。こうした家電の発達と普及は、戦後の高度成長を促進する大きな力となった。

●思い出が私たちを励ましてくれる

このように、昭和のお母さんは、戦後の日本の復興に大きな役割を果たし、いろいろな意味で社会や経済に大いに貢献した。貧しくて不便で苦労も多かった戦後の一〇年間に、人々が心の中に夢や希望を持って努力を続けることができたのは、「昭和のお母さん」に負うところが大きい。私自身は、前にも述べたように、母親には叱られることが多かったので、以前は母親を思い出す時には彼女の厳しい顔が脳裏に浮かぶことが多かった。しかし今では、私が何かにチャレンジする時には「頑張りなさい」と言って励ましてくれ、協力を惜しまなかった前向きな母親の姿を思い出すことが多い。もう遠い彼方へ行ってしまって会うこともできなくなった母親であるが、思い出は今でも私を励ましてくれる。

私たちそれぞれの思い出の中にいる、元気で、働き者で、つらい時に私たちの背中を押してくれる優しい母親は、今の時代にも私たちに元気と力を与えてくれるのである。

掲載写真

著者が通った近所の石井幼稚園の運動会。昭和20年代。立って旗を振っているのは著者の母

町内会で盆踊りの練習。昭和30年頃

町内会の海水浴。渋川海岸。写真右から6人目が著者。向こうに見える三角形の島は香川県・大槌島（おおづちじま）。昭和29年（1954）

海水浴場の休憩所。（沙美西浜売店組合提供）

渋川海水浴場（渋川海岸）。（平成30年（2018）撮影）（岡山県玉野市提供）

杉社中―茶会の後の記念撮影。前列、右から2人目が杉先生。
昭和20年代後半

富新町の自宅。
昭和30年頃。
玄関先に立っているのは
著者の母

第4章

今も元気な奉還町商店街

奉還町の歴史

「奉還町商店街」は、私が昭和二〇－三〇年代に暮らした富新町の家から歩いて一〇分くらいのところにあり、岡山駅の西側の地域に住んでいる人々にとって便利で重宝な商店街である。岡山市北区奉還町一丁目から四丁目にあり、東西約一キロにわたって通りの両側に店舗が並ぶ。店の数は約一五〇軒という。「奉還町商店街」は明治の初めに武士が出した店に始まり、岡山大空襲を経て現在も存続しており、地域に根付いている珍しい商店街である。

奉還町の名称は、明治維新の頃、廃藩置県により失職した池田藩（備前岡山藩）の武士たちが退職金である家禄奉還金を元に、旧山陽道沿いのこの地で商売を始めたのがいわれとなっている。藩の中でも家老など上級武士は大阪や東京などもっと大きな都会で商売を始めることが多かったが、奉還金の少ない下級武士には旧山陽道で商売を始める人が多かったと言われる。

奉還町で最初に店を出したのは、奉還金にちなんで「奉還モチ」という餅を売り出した餅屋らしく、その後も奉還金を手にした士族たちがこの地に次々と移住し、うどん屋、荒物屋、湯屋（銭湯）、煮肴《にざかな》屋、牛肉屋などを次々に開店した。初めは武士が店を出したということで物珍しさも手伝って結構繁盛していたが、いわゆる武家商法では商売はなかなかうまくいかず、偉そうな物言いにお客さんが腹を立てて帰ることもしばしばであったという。

この頃奉還金で店を出して現在まで生き残っているのは杉山種苗店ただ一軒である。この店の現在の店主（四代目）の話では、「当時は、武士が商売を始めたということでからかう人も多く、通りを行く人がばかにした言葉をかけ、曾祖父が『無礼者！』と声を荒らげて対応する場面もよくあった」ということである。そんなわけで、次第に客は減り、赤字続きの店が増え、一人、また一人と商売を続けられない人が増えていった。結局、その頃出店した店のほとんどは撤退を余儀なくされた。しかし、やがて時を経て撤退した店の後には新しい店も入り、一九三〇年代には、奉還町は価格が安くかつ庶民的な商店街として繁盛するようになっていた。

しかし、昭和二〇年（一九四五）六月二九日の岡山大空襲は、奉還町を壊滅状態にしてしまう。庶民的な商店街として栄えていた奉還町は一面、焼け野が原となった。(1)奉還町一丁目から三丁目までの商店街は全焼し、ゼロからのスタートを余儀なくされた。

しかし、終戦直後の昭和二〇年（一九四五）九月、岡山県庁が近くの伊福町に一時移転したことで人通りが増え、目を見張る復興を遂げることができた。昭和二〇年代から三〇年代は奉還町商店街の黄金期であった。奉還町商店街は県内にある商店街の中で最も駅に近く、駅から遠い他の商店街を抜いて岡山一活気のある街へと成長した。連日多くの買い物客で賑わい、夜一〇時頃まで人通りが絶えることはなかった。

我が家と奉還町

私が一番よく知っているのは、昭和二〇年代から三〇年代の黄金期の奉還町商店街である。

それは私が四、五歳の頃から、大学に行くまでの十数年間にあたる。その後岡山を離れてからも実家へ帰るたびに私は奉還町をよく訪れた。

前章で述べたように、私たち（私と両親と弟の四人家族）は昭和二五年（一九五〇）に岡山駅の西にある岩井富新町というところに引っ越した。その後昭和二三年（一九四八）頃、岩井富新町に近い下伊福というところに引っ越した。いずれも奉還町に近く、母はほとんど毎日のように奉還町に買い物に行っていた。

奉還町へ行けば生活に必要なものはたいてい揃う。我が家でも、食料、日用雑貨、薬、化粧品、履物、洋服生地、たいていのものは奉還町で調達していた。時々、駅の東側に位置する岡山市の中心的な繁華街である表町《おもてちょう》商店街、特に当時たった一軒のデパートであった天満屋に買い物に行くことがあった。天満屋は駅からバスか電車で十数分のところにあった。母が天満屋へ買い物に行く時は私もよくついて行って一緒に買い物をし、食堂で昼食やホットケーキなどを一緒に食べた。しかし毎日の生活必需品はほとんど奉還町で買っていた。

買い物をする母の生き生きとして元気な姿を今でも思い出す。私もしばしば母の買い物について行った。特に年末など買い物の多い時には、荷物を持つのを手伝うことが多かった。今では見ることの少なくなった本物の橙、昆布、ホンダワラ、裏白などの付いた玄関飾り、レンコンやゴボウ、しいたけやこんにゃくなどのお煮しめの材料、ぶりや数の子など正月用の買い物が多かった。今と違って当時の主婦の多くは、一二月になると大掃除やおせち料理など正月の準備に忙しく、私の母も年末は忙しく働き、特に大みそかは夜遅くまで働いていた。私は奉還町までよく使い走りをさせられたが、特に忙しいこの時期には使い走りをさせられることが多かった。

祖父母と奉還町

私の父の実家は奉還町一丁目、二丁目あたりの地主であり、商店に土地を貸していた。戦前からのシステムで、地主は土地だけを所有して店子に土地を貸す。そして店子は地主から土地を借り、店の建物を建てて商売をして地主に地代を支払う。祖父は戦時中に亡くなっており、未亡人となった祖母のために母が毎月地代を集めて祖母に渡し、祖母はそれを生活費にあてていた。他に年金も何もなかったと思う。地代は安かったのでたいていの店は快く支払ってくれたけれども、中には滞納したり供託したりする人もいて、母は何度も足を運ばねばならないこともあった。

戦前、祖父は奉還町に隣接する地域にかなり広い農地を所有しており、小作に出していた。しかし、戦後、昭和二一年（一九四六）から二三年にかけて実施された農地改革により地主制度は廃止された。小作地は強制買収されて小作人に売却され、地主は農地をすべて手放すことになった。戦前の小作農は俵に入れた米を現物で納める。

こうした農村共同体においては、秋の収穫が終わって小作衆が小作料としての米を地主に納めると、地主は小作たちに酒を振る舞って労をねぎらった。父の実家にもこの時に使われた高さが五〇センチ近い大きな淡灰色の徳利があった。この徳利は戦後両親の家にあったが、母が亡くなった時に私が譲り受けて今は我が家にある。

祖父の所有する農地は、岡山駅の西側の町はずれから、約二キロ西北にある三門の山の麓までの耕作地であった。開けた平野に水田が広がる。点在する藁葺《わらぶき》の家々。秋には頬かむりに麦わら帽子の農家の人々が、実った稲の束を積み上げる。春にはれんげと菜の花が満開し、夕日がなだらかに連なる山々の向こうに沈む頃、お寺の鐘が鳴りわたる。戦前には当たり前だった農村の風景であり、それは「菜の花ばたけに入り日薄れ」で始まる文部省唱歌の「朧月夜《おぼろづきよ》」の歌詞さながらの日本の原風景でもあるが、現在ではもうあまり見ることができなくなった。

父の生家は岡山駅の西側の万町《よろずちょう》（現在の奉還町一丁目）にあったが、昭和二〇年（一九四五）の岡山大空襲で焼けてしまって私は見たことがない。しかし、私は祖母から聞いた話などから、父の生家を何となく思い浮かべることができる。表玄関の黒い格子戸。暗い土間につながるだだっ広いいくつもの座敷。家屋敷は空襲で全焼したが、ただ一つ漆喰塗りの蔵だけは焼け残った。蔵の中にあった調度品も戦災を免れた。蔵は、小作の納めた米俵を保管するのに使われていた。蔵は昭和五〇年代に取り壊されるまで、崩れかかりながらも朽ちた長持ちや石臼を守っていた。

祖父の所有していた農地は、戦後の農地改革によりすべて没収されたが、商店街はその対象外だったので奉還町の土地の所有権はそのまま残った。というわけで祖母は戦後もその地代で生活することができたわけである。しかし、昭和四〇年代になって、祖母が東京の三男の家に移ることになり、これを機に、土地を整理することになった。つまり土地の地上権（借地権）を持っている商店に徐々に土地を売却していった。現在では祖父の所有していた奉還町の土地はもう完全に整理されて、地上権を持っていた商店の所有地となっている。

緩やかに変化していく奉還町と存続する老舗

奉還町はいろいろな意味で思い出の多い場所である。私が通った石井幼稚園には奉還町の子供がかなりいて、今でも何人かの同級生の名前を思い出すことができる。昭和二〇年代、三〇年代の奉還町にあった商店で私がすぐに思い出すことができるのは、江田（洋服生地・仕立て）、金福菓子舗《きんぷくかしほ》、シバタ化粧品店、くわはら履物店、片山薪店、すわきたんす店、木村屋パン、戸田屋自転車店、ウネモト時計店、かもや呉服店などである。そのほかにも八百屋、米屋、魚屋、肉屋、果物店、氷屋、布団屋、揚げ物屋、瀬戸物屋、ラーメン屋など数多くの店があり、日常生活に必要なものは、ほとんど何でも揃っていた。

特に午後、主婦が夕飯のための買い物をする時間には非常に賑やかだった。肉屋ではコロッケも揚げていた。揚げ物屋では、サツマイモを輪切りにして黄色い衣をたっぷり付けた天ぷらを売っていた。あの黄色は人工着色料の色だったろう。しかしサツマイモの天ぷらは美味しかった。角の小さなラーメン屋では一杯五〇円のラーメン（当時私たちは「シナそば」と呼んでいた）を売っており、学校帰りに友達に連れていかれて一緒に食べた思い出がある。友達が「美味しいシナそばを食べに行こう。私がおごるから」と言ってご馳走してくれた。

しかし、昭和四〇年代になると、多くの伝統的な商店街と同様に、奉還町もスーパーなどの大型店進出による大打撃を受ける。特に郊外型の大型店の影響で奉還町は厳しい環境にさらされることになったが、シャッター街にはならなかった。奉還町は、時間の流れと共に、また人々の生活様式の変化と共に、緩やかに変化していったが、現在も元気である。

取り扱い商品が時代に合わなくなり商売の中身を変えた店もあれば、閉店になってその跡に別の新しい店が入ったところもある。しかし一方で昭和二〇年代以来、ずっと続いている店も少なくない。奉還町四丁目にある和菓子屋の金福菓子舗はその一つである。私は子供の頃、父に頼まれて生菓子をよく買いに行った。当時は一個一〇円だった羊羹一〇個を薄い木で出来たへぎ板の上にきれいに並べてくれる。庶民の味方である。創業一〇〇余年の老舗だそうであるが、今も操業している。この店は現在も人気が高いようである。

「金福」に立ち寄った人のコメントがいくつもネットに掲載されている。その一つを紹介したい。紹介する記事の執筆者は、岡山の街を歩いてレトロな店や神社仏閣、その他面白そうな事象を記事にしている街歩き好きである。そうした記事の一つに、岡山出身の内田百閒《ひゃっけん》（小説家・随筆家）や坪田譲治（童話作家・随筆家）の随筆をもとに、その舞台になった地を歩いてみた話がある。その中で、百閒や譲治の好物だった「三門団子《みかどだんご》」をこれまでにも自ら菓子を購入したことのある「金福」で発見した時の喜びについて書いている。その記事の概要は以下のようなものである。(2)

坪田譲治は明治二三年（一八九〇）生まれ、内田百閒は明治二二年（一八八九）生まれで一歳違い。それぞれ幼少期を岡山で過ごし、その思い出を随筆に書き残している。譲治の生家があったのは、現在の北区島田本町二丁目で、奉還町四丁目から南に七〇〇メートルほど行ったところである。譲治は随筆の中で「三門団子」という菓子について書いている。

三門団子とは、かつて三門の旧山陽道の街道筋で販売されていた岡山名物で、譲治の家でも三門の妙林寺の山への墓参りの帰りに、少し遠回りして買って帰ったという。あんのたっぷり付いた小ぶりのヨモギ団子で、譲治の記述によると当時は界隈の二、三軒の店で売っていたそうである。しかし今はもう廃れてしまっているのでは、と思っていたところ、たまたま「金福」を「内田百閒ゆかりの…」と紹介している文章を目にしたので調べてみたら、百閒の好物だった三門団子を売っているという話。「金福」へは、また行こうと思っていたので、喜び勇んで早速、奉還町四丁目へ出かける。以下「おかやま街歩きノオト」からの引用である。

ドキドキしながらお店に近づいてみると、ガラス戸に三門団子の貼り紙が！…お店に掲示されていた由来書きによると、参勤交代の外様大名も山陽道を通行する際に三門で一休みして食したとかで、キビ団子普及以前の岡山名物だったらしい。お店の人の話では、三門で三門団子を製造販売していた最後の一軒が店をたたんだ時に、レシピを伝授するのでおたくで継承してくれないかと打診され、引き受けたのだそうです。…串団子ではなく、一個ずつバラになっている団子で、ヨモギ団子の生地はかなり軟らかめ、あんこは上品なこしあん。…シンプルながらなかなか洗練されたお菓子です。…嬉しい味と食感。満足〜。(3)

ちなみに金福菓子舗の創業は明治四〇年（一九〇七）で、江戸時代には岡山城下の武家屋敷町であった弓之町が創業の地である。弓之町の名称は、江戸時代に弓組の武士の居住地であったことに由来する。ちなみに現在の弓之町は、当時の弓之町と鷹匠町《たかしょうちょう》の範囲となる。両町とも城の西北に位置した郭内武家屋敷町である。私自身、本稿を書くにあたって金福菓子舗の創業当時のことなどを調べてみて初めて、私が子供の頃、羊羹を買いに走っていた和菓子店が創業一〇〇有余年の老舗であることを知って正直びっくりしている。弓之町に店を開いたのは、現在の店主の曽祖父で、その後、昭和の初期に奉還町に移って来て現在に至っている。

そのほかにも木村屋パン、戸田屋自転車店、かもや呉服店、杉山種苗店、大東果物店、岸佛光堂、人形のこどもや、ウネモト時計店、シバタ化粧品店など、少なくとも七〇年以上続いている商店は少なくない。特に、杉山種苗店は明治維新の時に支給された奉還金で商売を始めた店の中で現在まで生き残っている、ただ一軒の店として知られている。「杉山種苗」は土産物を販売する店として誕生して、その後現在のような種苗や肥料を扱う店に営業形態を変えたものの、一四〇年余りずっと営業を続けている。「岸佛光堂」という仏具店も奉還町で長く続いている店である。創業は明治二〇年（一八八七）で、創業時は漆塗りの仏具を作っていたそうであるが、明治二七年（一八九四）に奉還町に今の店を構えた。現在の社長は五代目である。

先にも述べたように、昭和二〇年（一九四五）六月の岡山大空襲で奉還町一丁目、二丁目、三丁目は焼け野が原となった。戦前から現在まで続いている商店の多くは、戦後の昭和二〇年、二一年、二二年あたりに焼け野が原に再建された店である。

下町の魅力、今も健在

こんなわけで奉還町は今も元気で、根強い人気を持つ。気軽に下駄履きで買い物ができる庶民性と下町情緒が魅力になっている。また店主との会話のやり取りも下町ならではの買い物の楽しみである。「アットホームな空気感が心地よい」と感じるお客も多い。ここにはデパートにはない人情があり、それが街を支えている。最近では、「昭和」の風情が残る商店街として注目され、テレビや映画の撮影に使われたりすることもある。令和五年（二〇二三）七月の土曜夜市では、ＴＢＳニュースやＲＳＫ山陽放送による取材があった。

奉還町商店街の西の入り口に程近い旧万町《よろず》（現在の奉還町一丁目）の一角に父の生家があったが、昭和二〇年（一九四五）六月の空襲で奉還町商店街が焼けた時に生家も蔵だけを残して全焼した。祖母は焼け出されてからしばらくの間、郊外の高松町に疎開していたが、その後、元の屋敷の焼け跡に小さな家を建てて住んだ。祖父は戦時中に亡くなっていたので祖母は一人で暮らしていた。子供の頃には母に頼まれて、祖母に食べ物や洋服などをよく届けに行った。今では取り壊されて跡地には全く別の建物が建っている。また空襲であたり一面が焼け野が原になった時に、ただ一つ焼け残った漆喰塗りの蔵が、昭和五〇年代に取り壊されるまで、そこにあった。この蔵が唯一歴史を感じさせる建物であったが、祖母がいなくなった後に取り壊され、これもまた跡形もなく消滅してしまった。今ではもう全く別の建物が建っている。

父の生家があった場所の変わりようを初めて見た時には何とも言えない寂しい気持ちになったが、奉還町の商店街が存続している様子はそんな気持ちを多少和らげてくれる。岡山の街はこの半世紀の間に合併により市域は拡大し、人口は約四倍になり、町の様子も大きく変わった。(4) 奉還町も少しずつではあるが変わっていく。奉還町の道路は以前はアスファルトであったが、今ではお洒落な敷石道になっており、店も建て直されたところが多い。しかし、子供の頃から見慣れた店名を見つけると、昔の店の様子や店主とのやり取りが思い出されて、父や母と暮らした懐かしいふるさとが少しだけそこに残っているような気がする。

掲載写真

奉還町商店街。
昭和33年(1958)。
(出所:「昭和30年代の岡山」)

奉還町商店街入り口。
(令和2年(2020)撮影)

奉還町商店街。賑わいを見せる恒例の土曜夜市。
（令和５年（2023）７月）（岡山市奉還町商店街振興組合提供）

奉還町商店街、金福菓子舗。「備前名物・三門だんご」ののぼりが見える

奉還町商店街、戸田屋自転車店

奉還町商店街、大東果物店

奉還町商店街、かもや呉服店

第5章

学校

小学校

●入学式

私は、昭和二八年（一九五三）四月、小学校に入学した。住居のある学区には歩いて一五分くらいのところに市立小学校があったが、私はバスと路面電車を乗り継いで街の東端にあった岡山大学教育学部附属小学校に通うことになった。待ち時間や歩く時間を入れても通学時間は一時間以内だったと思う。

当時の岡山市は小さい街で、バスも路面電車も何となくのんびりしていた。岡山で路面電車と路線バスを運営しているのは明治四三年（一九一〇）創業の岡山電気軌道ただ一社である。私の家は岡山駅の西側にあったのでバスで岡山駅の東側まで行き、岡山駅前から電車に乗った。電車は文字通りのチンチン電車で、走行の際「チンチン」とベルを鳴らしていた。岡山駅前で乗車すると「城下《しろした》」を通り、「県庁通り」を通り、旭川に架かっている京橋を渡り、東山まで行く。私の小学校は東山という丘陵の麓にあった。バスには、「発車、オーライ」を元気よく言う愛想の良い中年の名物車掌が乗っていた。

小学校の入学式はお天気の良い日で私はかなり緊張して母と一緒に学校へ行った。東京の母方の祖母はお祝いにえんじ色の牛革のランドセルと自分が縫った洋服を送ってくれていた。洋服は少し大きかったが、私はそれを着た。入学式は講堂で催され、児童は前の席に座り、父兄は後ろの席に座った。当時は「父兄」という言葉が使われたが、参列したのはほとんど母親だった。最近の小学校の入学式を覗いてみると父親の参加も多く、両親が参加している場合がほとんどである。私が入学した当時は、男性の親の参列者はＰＴＡ会長だけだった。

まず最初に校長先生が壇上で話をした。校長先生は、漫画の『サザエさん』に登場するお父さんの波平に似ていた。校長先生の話の中で、「毎日片道二時間の山道を歩いて学校に通った。山道を歩くのは良い運動で、途中で木の根元で『うんち』をした」というところは今でも覚えている。随分長い道のりを歩いたのだなと感心した。恐らくほかにもＰＴＡ会長などの話もあったであろう。講堂での行事の後は各教室に入って担任の先生の話を聞く。現在の入学式と同じである。クラスは、「い」組、「ろ」組、「は」組の三クラス。一クラスは四七、八人だった。月齢の順にクラス分けされて、私は八月生まれであったから一番大きいクラスの「い」組に入った。

現在では小学校の先生には女性が多いが、当時の私の小学校では、ダンスの先生と保健婦以外は男性だった。担任の佐藤先生の話を聞いて、勉強道具や教科書をもらって母と一緒に無事に家に帰った。勉強道具の入った箱には、色とりどりのおはじきや、プラスチックでできた小さなそろばんが入っていた。国語の教科書には「大野まこと君」と「水野きぬえさん」という同年代の小学生が登場していたのを覚えている。

●歓迎遠足

入学して間もなく、「歓迎遠足」というものがあった。バスに乗って少し遠くへ出かける学年ごとの遠足はこの後で別途実施されたが、新しく入学してきた一年生には特別にこの「歓迎遠足」というものがあった。恒例となっていた歓迎遠足では、一年生と六年生がペアになって手をつないで近くの水源地に歩いて出かけることになっていた。水源地は学校の近くの東山という丘陵の上にあり、沢山の桜が満開でとてもきれいだった。私も六年生のお姉さんとお話しながら手をつないで一緒に歩き、一緒にお弁当を食べた。優しいお姉さんだった。名前を忘れたので、家に帰って名簿で調べてみた。当時の名簿には保護者の名前も記載されていた。驚いたことにその時の六年生には父親のいない人がかなりいて、その多くは戦死者であると思われた。六年生は昭和一六年、一七年生まれである。私と手をつないでくれたお姉さんにもお父さんがいなかった。私は改めて優しいお姉さんのことを思い出して悲しい気持ちになったのを覚えている。

●真っ黒な校舎

私が小学校に通っていた頃には、戦争の爪痕がまだ色濃く残っていて、片付けていない瓦礫《がれき》などが校庭の隅に山積みになっていた。私が通った岡山大学教育学部附属小学校および同じ敷地内にあった附属中学校は、戦前は岡山師範学校附属の国民学校であったが、昭和二六年（一九五二）の岡山師範学校の廃止により、現校名に改称されたものである。昭和二〇年（一九四五）六月の岡山大空襲により市内はほぼ壊滅状態となり、多くの学校が焼失した。門田屋敷（現・岡山市中区東山）にあった岡山師範学校も同じ敷地内にあった附属の国民学校も、爆撃を受け、校舎はただ一棟を除きすべて焼失した。

焼け残った一棟は、鉄筋コンクリートの二階建ての横長の大きな建物で、もともと白色だったものが、真っ黒に塗られていた。昭和八（一九三三）年に建てられたこの建物は、もとは岡山師範学校の所有であったが、昭和二六年四月の同校廃止と共に附属中学校が引き継いだものである。戦時中、空襲の標的になるのを避けるためにタールでこのように黒く塗られたのだそうである。おかげでこの建物だけが爆撃を免れ、焼けずに済んだのである。

この建物（二号館）は、もともと師範学校の特別教室であったが、附中ではほぼそのまま音楽教室、美術教室、理科室、家庭科の調理室や被服室として使われ、教官室もここに置かれた。美術教室にはギリシャ風の彫像の模型などが置かれ、特に立派だった。この建物を除く校舎はすべて爆撃で焼け落ちてしまったので、私たちの教室を含むその他の小・中学校の校舎はすべて木造のいわゆる戦後のバラックであった。

しかし、この二号館は黒く塗られていて異様だったし、大きくて立派だったし、子供たちに戦争を忘れさせないためにそこにあるような気がして、毎日特別な気持ちで見ていた。小学校、中学校の九年間、ずっと見続けたこの校舎は深く印象に残っている。この二号館は、その後昭和三七年（一九六二）に淡赤紫色に塗り替えられ、その後もしばらく使われた。戦後一七年、平和な時代にふさわしい穏やかな色に塗り替えられたのであろうが、黒いタールをはぎ取って新しい色を塗るのはかなり大変な作業だったのであろう、相当の費用が掛かったと聞いている。また私たちが使った戦後のバラックの木造校舎もその後の高度成長期に鉄筋コンクリートの校舎に建て替えられている。

●給食――アメリカからの援助物資・脱脂粉乳

幼稚園ではお弁当を持っていったが、小学校では給食があった。給食当番が決められ、当番は食缶（おかずの入ったアルミのバケツ）を教室に運び、それぞれの生徒のアルミのお皿とボウルに給食を盛り付ける。ボウルにはミルクが入る。ミルクは脱脂粉乳を溶かして少し砂糖を入れたもの。脱脂粉乳は、アメリカから無償で提供されたものであった。脱脂粉乳は、その後ユニセフからの援助という形で与えられたが、ユニセフを通じて日本に届いた脱脂粉乳も、実際には、ほとんどアメリカで生産されたものであったろう。

このミルクは決して美味しいものではなかった。実際にこのミルクが大嫌いな子供もかなりいた。私はそれほど嫌だとは思わず残さず飲んだ。中にはこのミルクにパンをちぎって入れ、美味しそうに食べてお代わりをする子もいた。その子は七人兄弟の末っ子だった。時々このミルクにコーヒーの粉のようなもの（恐らく本当のコーヒーではなかったと思う）が入っていた。しかし味は特に改善されなかった。

ずっと後に中学生になって、昼食の時間にびんに入った生の牛乳が配られるようになった時、生の牛乳の美味しいのにびっくりした。小学校の給食で毎回ミルクと共に配られたのがコッペパンである。材料の小麦粉はやはりアメリカから寄贈されたものと聞いている。このコッペパンも特に美味しいものではなかったが、私は通常残さずに食べた。時にパンの中に油虫や釘などの異物が入っていることがあった。噛んだ時、ガリッという音がしてパンを見ると、アブラムシを噛んだのである。その日のパンはそのまま残した。クラスの生徒全員分のコッペパンが入っている大きな平たい木の箱を給食当番が運んでくる。木の箱には大きく「神戸パン」と書いてあった。この「神戸パン」という会社がどこにあったか知らないが、現在は存在しないようである。

それ以外の献立は日替わりで、クジラ（鯨）肉の角煮やキュウリとハムのサラダなどを思い出す。当時クジラ肉は非常にポピュラーな食材であり、竜田揚げ、大和煮、角煮などとして日本全国で給食によく使われていたようである。私の学校ではクジラの角煮がよく出た。生姜の細い千切りが入っていて、まずまずの味であった。

戦争が終わって二年目の昭和二二年（一九四七）に始まった給食、アメリカから贈られた脱脂粉乳は家畜の飼料用のものだったにしろ、あの食糧難の時代に子供たちにミルクとパンを提供し、最低限の栄養を与えたということは、今から思うと、とにかく有り難いことであった。

その後今日に至るまで給食は続いている。今日では小学校はもちろん、保育所、幼稚園、中学校でも九割方、給食が実施されている。献立も進化して、美味しくなっている。私は長男が保育所に行っていた頃（一九八〇年代）、給食の試食会に参加した。ハンバーグも野菜スープもパン（バターロール）も非常に美味しかった。私が小学生だった頃（一九五〇年代）の給食と比べると隔世の感があり、今の子供たちがこんなに美味しい給食を食べていると思うとうれしかった。

●民主主義、自由の気風、健全な批判精神

昭和二〇年代から三〇年代にかけての小学校、中学校には、この時代特有の独特な

エートス（気風）が漂っていた。それは日本が、自由と民主主義の新しい国に生まれ変わっていくのだという意識であり、第二次大戦やファシズムへの反省であり、新しい時代への希望であった。当時の初等・中等教育の現場を大きく特徴づけていた自由や民主主義を尊重する気風は、毎日毎日の先生の教室での言葉を通じて私たちの人間形成に大きな影響を与えた。この時代に初等教育を受けた世代は時代のエートスの影響を受け、文化的思想的志向、信念、態度、世界観などを形成していった。

　この気風を一言で説明するのは難しいが、断片的に思い出す言葉を以下挙げてみる。正しいと信ずることを言い、正しいと信ずることを行う。正しくないことが言われたり、行われたりしている場合には、それをきちんと批判して正しいことを言うことができる「健全な批判精神」と「正義感」を持つ。多数決は大事だけれど少数意見にも耳を傾ける、公平で依怙贔屓《えこひいき》をしない、弱い者いじめをしない、などである。次に述べるいくつかのエピソードや当時の思い出を通じて、この時代のエートスと雰囲気を伝えたい。

●吉元孝郎先生の「為《な》せば成る」

私が小学校四・五・六年生の時に担任であった吉元孝郎先生は、私の担任になった当時はまだ若く、二四歳であった。四年生の時から卒業するまでの三年間、私のクラス担任であった。先に述べたように、私が小学校、中学校に通った昭和二〇年代から三〇年代にかけての学校には、この時代特有のエートスが漂っていたが、吉元先生の倫理観はそうしたエートスを具現する部分が大きかった。

先生は常に民主主義と自由を尊重したが、その自由は自分勝手をしたり、人に迷惑をかける自由ではないということをよく教えてくれた。生徒はしばしば自由を履き違える。先生は「損得を言うな」と言ってみんなをたしなめた。自由はエゴイズムではないのである。真の自由は、正しいこと、良いことを行う自由である。それを孔子や孟子の教えも織り交ぜて説明した。先生は「自分が正しいと信ずるならば、反対があっても恐れることなく自分の信ずるところを行おう」と言った。「自ら反《かえり》みて縮《なお》くんば、千万人と雖《いえど》も、吾往かん。」という孟子の言葉を引用したかどうかは覚えていないが、後になってこの言葉をどこかで見た時、吉元先生の教えは孟子の教えでもあったのだなと気付いた。

吉元先生の言葉や教えは今でもよく覚えている。先生はよく黒板に「為せば成る、為さねば成らぬ何事も、成らぬは人の為さぬなりけり」という言葉を書いた。その当時はそんなことは知らなかったが、この言葉は江戸時代後期、米沢藩主の上杉鷹山が家臣に教訓として詠み与えたと伝えられているが、もともと武田信玄の言葉をもとにしたものだと言われている。現在でもこの言葉を座右の銘にする経営者は多い。この「為せば成る」という言葉に励まされた生徒は少なくないと思う。私自身、今日に至るまで、この言葉を思い出して、自らを励ますことが多い。「不言実行」という言葉もよく聞いた。生徒たちがしゃべってばかりいて、行動しない時には先生はこの言葉を黒板に書いた。

また日々の教室での先生は「公平で依怙《えこ》贔屓《ひいき》をしない」、「信賞必罰、よいことをすれば褒めるし、悪いことをすれば叱る」といったことを実行していた。また先生は

「多数決は大事だけれど、少数意見を無視してはいけない」、「自分が正しいと思うならば、たとえ多くの反対があっても自分の意見を言う勇気を持とう」と言っていた。

生徒たちが先生の言うことをよく聞いたのは、先生自身がこうしたことを日々実行していたからであろう。いくら先生がいいことを言っても先生自身がそれを守っていなければ、生徒は言うことを聞かない。吉元先生は一人一人の生徒をよく観察していた。かけっこが得意でなかった私が、運動会のリレーで前を走っている走者を追い抜いた時には、後で「浅野さん（私の旧姓）、今日はよう頑張ったなあ」と褒めてくれた。

先生の専門は理科で、蛙の解剖は非常に勉強になった。先生は実際に蛙を用意して内臓がよく見えるように板の上に仰向けにのせ、手足をピンで止めた。生徒たちは、蛙の周りに集まった。先生は黒板に詳しい解剖図を描いて、ピンで止められた蛙の小さな臓器を示しながら、その名前と機能を説明してくれた。あんなに詳しく体の中のことを勉強したのは後にも先にもあの授業だけだった。先生の専門中の専門だったのであろう。

●「その火絶やすな自由の火を」

終戦後の昭和二〇年代から三〇年代にかけての学校においては、「これから自由と民主主義の新しい国を作るのだという気概」、「第二次大戦やファシズムへの反省」、そして「新しい時代への希望」が共有されていたことは先に述べた通りであるが、こうした意識は学校のみならず、社会全体で共有されていた。多くの人々は、尊い犠牲を払ってやっと獲得したこの自由と民主主義をしっかり守っていかなければならないと感じていた。当時の初等・中等教育に漂っていたこうした気風をよく表し、また当時の市民、特に戦争を見てきた若い人々の気持ちをよく表している歌があるのでここに引用したい。

「足音を高めよ」という東京大学の学生歌であるが、昭和二八（一九五三）年度に募集した歌の中から選ばれたものである。(1) 作詞者は、前年に東大に入学した学生である。一番の歌詞は、「足音を高めよ　雄々しきひびき　地の果てにとどきて　限りなき　生命《いのち》燃えたり　ひたぶるの　情熱かけて　友よ友よ　その火絶やすな自由の火を」。二番の最後は「…望みをかけて　友よ友よ　築け正しき世界の平和を」、三番の最後は「…青春かけて　友よ友よ　継ぎて守らん永遠《とわ》の真理を」となる。戦争が終わってやっと得ることのできた「自由と平和」の火を絶やすな、守って行こうという切実な思いが込められている。私も後に東大の学生になってから会合の時などに時々この歌を歌っていた。

戦争が終わって八〇年近くたった今も、私たちが政治に無関心でいれば、前の世代が大きな犠牲を払って獲得した「自由と平和」が踏みにじられる危険がある。現に今も、ファシズムを彷彿とさせるような法律の制定や改定が政府によって、しかも国会を通さずに平然と行われるということが起こっている。「その火絶やすな自由の火を」ということの歌の歌詞を私たちは常に思い起こし、「自由と平和」が蹂躙《じゅうりん》されることのないように一層の努力をしなければならないと思う。

●いじめ

(1)アメリカ土産のママー人形

当時の学校にも、ガキ大将はいたし、いじめもあった。三年生の頃であったと思う。数人の男子生徒が伊藤さんという女の子につっかかっていた。その日の「帰りの会」で、先生がどうしたのかと聞いた。男の子の一人が手をあげて説明した。「伊藤さんは嘘ばかりつく。秋田さんにアメリカから買って帰ったママー人形をあげると言った。犬を見たら『ドッグ』、猫を見たら『キャット』と言う人形をあげると言った。」

アメリカ土産のママー人形のことは、数人の女子生徒が聞いていた。伊藤さんは私にもそのママー人形をあげると言っていた。伊藤さんは、友達の歓心を買いたくて何人かの女の子に人形をあげると言ったのである。そんな人形は存在しなかった。「犬を見たら『ドッグ』、猫を見たら『キャット』と言う人形」については私も半信半疑であったが、それほど気にしないでいたところ、突然帰りの会で問題になってびっくりした。誰かが人形のことを男子生徒に言いつけたのであろう。伊藤さんは下を向いたまま何も言わなかった。みんなはその時何が起きたのかを理解した。先生は怒っている男子生徒たちをなだめた。その後この件が問題になることはなかったし、伊藤さんもいじめられることはなかった。

それから数日して、伊藤さんは、学校の帰り、自分の家に遊びに来ないかと私を誘った。伊藤さんの家は歯科医院だった。彼女は一人っ子だった。家に着くと伊藤さんは私を自分の部屋に招き入れ、「ごめんな。この中で好きな物を持って帰って」と言って、玩具をいくつか見せた。先日の人形の件を謝りたかったのであろう。私は並んでいる玩具の中にあった小さな赤いセルロイドの人形用のたんすをもらった。私は「伊藤さん、そんなに気にしなくてもいいのに」と思った。

（２）ガキ大将

やはり三年生の頃であったと思う。クラスにガキ大将がいて殿様風を吹かして威張っていた。ある日、このガキ大将が横暴に振る舞った時、何となくみんなの信望を集めていたある男子生徒が、立ち上がり、取っ組み合いの喧嘩をしてガキ大将をねじ伏せてしまった。山田君といった。二人が取っ組み合いの喧嘩を始めると、クラスの子供たちは山田君を応援しながら見物した。山田君が勝ってみんな喜んだ。山田君は勝っても決して威張ったりすることはなかったが、その日から何となくクラスのリーダーになった。小さな革命が起きたのである。

こんな事件はいくつかあったが、私の記憶では執拗で陰湿ないじめが長く続いて、そのために児童が自殺するというようなことはなかった。また他の学校でそんなことがあったという話も聞かなかった。

(3)子鹿のバンビ

私がよく思い出す歌がある。その頃学校で習った「子鹿のバンビ」という童謡である。歌詞は一番の「子鹿のバンビはかわいいな、お花がにおう春の朝、森の小藪《こやぶ》で生れたと、みみずくおじさん言ってたよ」で始まり、四番の「子鹿のバンビは　やさしいな、弱虫いじめしないもの　今に大きくなったなら、すてきな　ぼくらの王様だ」で終わる。この愛らしい童謡は、昭和二六年（一九五一）に発表されたものであるが、私は今でも時々口ずさむことがある。[2] また時々ユーチューブでこの歌を聞くことがある。ユーチューブにはこの曲を聞いた人のコメントがいくつか掲載されている。「この童謡を聞いたり歌ったりして育った子供は、大きくなってもいじめなど決してしないでしょうね」というコメントがある。同感である。また「なんて優しい音楽なのでしょう。愛らしく懐かしく暖かい。」その通りだと思う。特に四番の歌詞はみんなに夢と希望を与えてくれる素敵な歌詞である。

　私は「バンビ」の物語を原作の本でも読んだし、ディズニーのアニメ映画でも見た。[3] ディズニー・アニメ版『バンビ』はこの歌が発表される少し前の昭和二六年（一九五一）の五月、日本で公開された（アメリカでの製作は一九四二年）。私たちは先生に引率されて学校からみんなでこの映画を見に行った。バンビの愛らしい姿にみんなは魅了された。楽しい映画鑑賞会であった。

ちなみにディズニー社は、近くアニメ『バンビ』をCGを使って実写化するという。「バンビ」の物語には時代を超えて訴えるものがあるのであろう。

(4) 教生の先生と石炭ストーブと焦げた手袋

私が通った小学校・中学校の校舎は、岡山大空襲により、ただ一棟を除きすべて焼失した。私たちの教室は、木造二階建てのいわゆる戦後のバラックで、冬にはすきま風が入って非常に寒く、教室の後ろにある石炭ストーブで暖を取った。日直の生徒は朝登校するとバケツを持って石炭置き場に石炭を取りに行き、午後の授業が終わるまで石炭を補給しながら火を維持し続けるのが日課であった。

小学校四年生の頃、ある寒い雪の日のことである。子供たちは朝教室に入るとストーブの周りに集まって上着に付いた雪を払った。私たちの学校は大学の教育学部の付属であったので、教育実習をする教生の先生が一クラスに二、三人ずつ配属されることが多かった。その日も教生の先生がいて、一人の先生が子供たちの手袋を石炭ストーブの金網の囲いに干してくれた。しかし火が強すぎたのか、長く置き過ぎたのか、手袋が焦げてしまった。私は買ってもらったばかりのピンクの手袋の手のひらの部分が両方とも大きく焦げて黒くなってしまってとても悲しかった。他の子供の手袋も焦げていたが、私の手袋が一番ひどく焦げていた。教生の先生はとても困ったがどうすることもできず、ほとんど泣き出しそうになった。その先生は声が小さく、気が弱そうな感じで、授業の時にはいつも子供たちに騒がれて困っていた。子供たちはこの気の弱そうな教生の先生をいじめて面白がっていたのである。その教生の先生が今度は子供たちの手袋を焦がしてしまったのである。

その時もう一人の教生の先生が、「じゃあね、私がちゃんと直してきてあげるから」と言って手袋を持って帰った。翌日受け取った手袋は手のひら部分が縦横の毛糸で修繕されていたが、その部分の毛糸の色は元の色と随分違っていたし、編み方も全く違っていたので私は内心がっかりした。大きく焦げた手袋を繕うのは大変だったであろうが、正直、見た目はみっともなかった。しかし、せっかく直してくれた先生の手前、私は手袋を黙ってそのまま受け取った。

そんなわけで、学校の石炭ストーブのことはよく覚えている。そして何よりも困っている同僚を助けようとした優しい教生の先生のことはよく覚えている。教生の先生は二人共女性だった。その頃から、教師を目指す女性が増えていたのであろう。私の手袋を修繕してくれた教生の先生はきっとどこかの小学校に就職して元気で優しい先生になったであろう。また私の手袋を焦がしてしまった先生は、この事件の後も授業中に子供たちに騒がれて困ることが多かったが、そんな経験を経てしっかりした一人前の先生になったことと思う。この先生が授業をしている時にみんなで騒いだりしたことを、今では申し訳なく思う。

●一度も歌わなかった「仰げば尊し」

先に述べたように、私の小学校、中学校時代の教育の現場には、自由と民主主義を尊重する気風が漂っていた。先生に対する尊敬も強要されるべきものではないとの学校側の考え方に基づき、卒業式でも「仰げば尊し」を歌わなかった。小学校でも、中学校でも、高校でも「仰げば尊し」を歌わなかった。歌ったのは「蛍の光」と校歌である。確かに見方によっては、この歌の歌詞は、恩師に対する尊敬と感謝を生徒に強いているという印象を与えるし、二番の「身を立て名をあげ」というのは、立身出世を奨励しているということで、戦後の民主主義にそぐわないかもしれない。学校のそうした配慮からこの歌が歌われなかったことは、十分に理解できることである。しかし誠心誠意、熱意をもって教えて下さった当時の先生方に対する感謝の気持ちで一杯の今、一度大きな声で、学校では歌ったことのなかったこの歌を歌いたいと思うことがある。「仰げば尊し、我が師の恩」、「互《たが》いに睦《むつみ》し日ごろの恩」という言葉はそういう気持ちを表すにはぴったりである。

ちなみに映画『二十四の瞳』（一九五四年公開）でこの歌が歌われる。(4) 卒業式の日にこの歌を歌いながら、高峰秀子演ずる大石先生がこぼれる涙を指でぬぐい、卒業していく子供たちもまた滂沱《ぼうだ》の涙を流す。この場面を見て涙を禁じ得ない人は多いと思う。

多くの学校で卒業式にはこの歌が歌われ、この曲を聞くだけで当時のことが彷彿とし、懐かしい気持ちで一杯になるという人も多いと思う。

しかし平成になってからはこの歌が以前ほど歌われなくなったと言われる。根本にあるのは、先生が尊敬される対象であるかどうかである。生徒が先生を尊敬に値すると感じなくなれば、この歌の歌詞は意味のないものになるし、反発を買うだけのものになるであろう。教師の質の低下が指摘されることもある。高度成長期には「でもしか教師」という言葉も出現した。(5) 現在の教育には多くの問題があることは疑いを入れないが、その議論は何冊もの本になるくらい複雑で深い問題である。それについてはまた別のところで議論することにする。

人々が青年期の多くの時間を過ごす学校は人間形成に非常に大きな影響を与える。学校で生徒が師と仰ぎ尊敬できる先生に出会うことができれば、それはその生徒にとって一生の財産になる。また生徒が学校に対して感謝の気持ちを持ち続けることができれば、その生徒は生涯を通じてのふるさとを得たようなものである。学校が少しでもそうした機会を提供するような場所であることを祈るばかりである。

「仰げば尊し」は歌わなかったけれども、卒業式は私にとっては思い出深い日であった。中学校の卒業式では、卒業生を代表して「答辞」を読んだ。原稿を準備し、学校からもらった巻紙を折りたたんだ式辞用の和紙に、毛筆で、思い出や先生への感謝や将来への抱負やらを書いた。内容はよく思い出せないが、思い出深い臨海学校のことを書いたのを覚えている。後で、いつもはとても厳しかった家庭科の先生が一言、「今日はよくできました。」と言ってくれた。

学校では実際に「仰げば尊し」を歌ったことはないけれども、今心から「仰げば尊し」を歌いたいと思うことができるのは、よい時代に初等教育を受けることができたからであろう。物質的には決して豊かではなかったあの時代、教育現場にはこれから新しい時代を作っていくのだという気概と先生方の熱意があり、生徒たちもそれを感じ取ることができたのだと思う。

●「栄冠は君に輝く」選考の経緯

戦後間もない昭和二三年（一九四八）に作られたもう一つの歌について述べたい。「栄冠は君に輝く」（「全国高等学校野球大会の歌」）である。私の父が高校野球が好きでラジオ中継を聞いたり、テレビ中継を見たりしていたので、この歌を子供の頃から聞いていた。元気の出る名曲である。この歌をここで取り上げる理由は、この歌が策定された経緯が、この時代の爽やかな一面をよく表しているからである。

昭和二三年（一九四八）六月の学制変更により、それまでの「全国中等学校優勝野球大会」が「全国高等学校野球選手権大会」に改称する事になったことに合わせ、またこの年の大会が第一回大会から数えて三〇回目の節目の大会であったことから、主催者である朝日新聞社が新しい大会歌の作詞を公募した。全国から応募された五二五二編の中から、最優秀作品に選ばれたのがこの歌詞であった。作詞した加賀大介は、地元・石川で執筆活動をしていたため、周囲から懸賞金目当てと思われるのを嫌い、自分の名前を伏せて婚約者（後に妻）であった高橋道子（結婚後は中村道子）の名前で応募した。道子は当時二三歳、金沢市の郵便局の職員であった。当選した歌詞に、朝日新聞社に依頼された作曲家の古関裕而が曲を作った。当選後も二〇年間は「中村道子作詞・古関裕而作曲」と表記されていたが、昭和四三年（一九六八）の第五〇回大会を機に道子は取材を通じて真実を公表し、晴れて「加賀大介作詞・古関裕而作曲」と表記されるようになった。

私が素晴らしいと思うのは、この歌詞の選考の過程である。特段名前も知られていない郵便局の一職員であった女性の詞が選ばれたということは、審査員たちは応募された五二五二編すべてに目を通し、応募者の名前、学歴、経歴、知名度などに影響されることなく、その作品の素晴らしさだけによって選抜したということを意味する。本当に良いものを選ぶことを目指して、公正できちんとした、真剣で真面目な評価があったということである。その結果、大会歌「栄冠は君に輝く」は、今日に至るまで高校球児や高校野球ファンに歌い継がれてきた。

戦後の復興期には、様々な応募において、作品の優劣だけに注目した公正な評価がなされ、その評価に基づいて公正な選抜がなされるということが現在よりも一般的であった。つまり「出来レース」でないフェアな競争がなされることが多かった。終戦後の復興期には、先にも述べたように、多くの人が、軍国主義時代が終わり日本は自由と民主主義の新しい国に生まれ変わっていくのだという意識と、新しい時代への希望を共有していた。公募における選考においても審査員は一生懸命、誠実で公正で純粋な気持ちで選考に当たることが多かった。きちんとした公正な評価は、知名度などによる評価よりも時間と労力を要することが多い。それでも審査員に選ばれた人の多くは、真摯な態度で選考にあたり公正な評価をすることを責務と考えたのであろう。

しかし、現在では、応募された全作品をきちんと評価しているのかと疑うことも多い。様々な作品の公募、コンクール、コンペ、学会賞や文芸賞などの公募の際の選考過程において、既存の知名度や人間関係に影響され、そうした要因に依存して受賞者を選ぶということがしばしばある。中には、選考の始まる前から、暗黙のうちに受賞者が決まっているという「出来レース」さえある。これでは本当に素晴らしいものがなかなか出てこない。

社会のあらゆる面においてこの弊害が見える。戦後八〇年近く大きな変革も破壊もなく続いてきた社会の金属疲労とでもいうべき現象か。国会に世襲議員（二世、三世議員）が増える、格差が拡大する、フェアーな競争が行われなくなる、すべて若者のやる気を削ぐ現象である。現在の社会において若者の夢がなくなっていく原因の一つであり、最も残念なことの一つである。

「栄冠は君に輝く」の歌詞が希望や励ましや勇気を思い起こさせてくれる素晴らしいものであることは言うまでもないが、それにもまして五二五二編の中からこの歌が選ばれた経緯が素晴らしいと思う。この歌が選ばれたことは、フェアーな選考がなされることの多かったこの時代を象徴する一つの事例である。「栄冠は君に輝く」は、社会が、大人が、子供や若者に夢と希望を与えることのできた昭和のあの頃の貴重な産物である。

中学校

●「ジャック　アンド　ベティ」

さてここからは中学校の話になる。昭和三四年（一九五九）の春、私は小学校と同じ敷地内にある岡山大学教育学部附属中学校に入学した。二五〇人の新入生のうち半分は附属小学校からの入学者で、残りの半分は他の小学校からの入学者だった。自由な校風で小学校でも制服はなかったが、中学校でも同様に服装は自由だった。給食はなくなり、お弁当を持って行くことになった。昼食の時間になると学校からびんに入った牛乳が一本ずつ配られた。算数は「数学」になり、英語の授業が始まった。

英語の教科書は『ジャック　アンド　ベティ』"Jack and Betty" だった。『ジャック　アンド　ベティ』は、昭和二四年（一九四九）から使われ始めて、昭和四〇年（一九六五）頃まで多くの学校で使われていた教科書である。この教科書は初版以来、何回か版を重ね英語リーダーの代名詞的存在となり、アメリカの文化や社会を日本に紹介する一助にもなった。たとえばアメリカの標準的な家の間取りが紹介され、リビングルーム、ダイニングルームといった言葉も出てきた。広々した明るい部屋は印象的だった。こんな挿絵を見て、アメリカに行ってみたいと思う中学生も多かったのではないかと思う。

教科書のLesson 1の最初の頁では、ジャックとベティが紹介される。Jack――I am Jack. I am Jack Jones. I am a boy. I am a schoolboy. Betty――I am Betty. I am Betty Smith. I am a girl. I am a school girl. と記述されていたのを思い出す。

●朝礼

中学校では、毎週月曜日に全校朝礼が行われた。運動場に整列して先生の話や注意事項を聞く。生徒たちにとっては退屈な朝礼。遅刻すると教室の後ろに立たされて、「席に戻れ」と言われるまで立っていなければならない。朝礼の後の一時間目は英語であった。若くて元気のよかった英語の佐々木先生は大きな声で生徒をよく叱った。トイレなどに隠れている朝礼の遅刻者を探し出すのもこの先生の役目だった。

私たちは佐々木先生を「佐々やん」と呼んでいた。先生は英語も熱心に教えてくれた。時々英語の歌も教えてくれた。「Nearer, My God, to Thee」という賛美歌は今でも覚えている。当時の米国の大統領ケネディの話をする時は、大きく黒板に「John F. Kennedy」（ジョン・エフ・ケネディ）と書き、「敬意を表してミドル・イニシアルを入れましょう」と言ったのを覚えている。英語の授業が楽しかったのは、佐々木先生の明るい人柄に負うところが大きい。

●みかんの花咲く丘

中学に入った年（昭和三四年（一九五九））にはいろいろな催しがあったが、楽しかった催しの一つは市内の中学生のために開かれた子供の日の会である。当時は市内でただ一つのデパートであった天満屋の六階にある「葦川会館《いせん》」と呼ばれる催事ホールが会場であった。天満屋は大正一四（一九二五）年に岡山市の中心である表町で営業を始めた老舗のデパートであるが、現在も健在で、六階の葦川会館では院展を始め、様々な展覧会や催し物が開催されている。私たちが出席した昭和三四年（一九五九）の子供の日の催しでは、童謡歌手の川田孝子が招かれて「みかんの花咲く丘」を歌った。

「みかんの花咲く丘」は、昭和二一年（一九四六）にＮＨＫのラジオ番組で初めて歌われて以降、日本全国で広く親しまれている童謡である。私も小学校の音楽の授業でこの歌を習って好きであった。現在も小学校四年生の音楽の教科書に掲載されているようである。ただこの歌の作詞者が静岡県の伊東の海を思い浮かべながら作詞したということは、ずっと後になって知ったことである。私は長い間、この歌の歌詞に出てくる海は私が子供の頃から見慣れた瀬戸内海のことだと思っていた。

昭和二〇年代のこの歌が作られた頃は、瀬戸内にはコンビナートもなく、青い海に浮かぶ島々を汽船が行き来し、それを岬の上のみかん畑から見るという歌詞そのままの風景があった。考えてみると、この歌詞が当てはまる場所は日本国内に沢山あって、私のように自分のよく知っている海を思い浮かべながらこの歌を歌っている子供は多いかもしれない。

川田孝子はこの時二二歳くらいで「歌のお姉さん」という感じであった。ほかにもいくつか歌を歌った。川田孝子の歌以外にも何かほかの催しがあったような気がする。今覚えているのは、ラジオでよく聞いた童謡歌手の歌を生で聞くことができてうれしかったこと、そして彼女が私の好きな「みかんの花咲く丘」を歌ってくれたことである。

●豊島での臨海学校

中学校一年生の夏休みに学校行事として行われた臨海学校は思い出深い。旭川（岡山市の中心市街地を貫流して児島湾に注ぐ）に架かる京橋の近くにある船着き場から船に乗る。京橋から旭川を下って瀬戸内海へ出ると目の前には大小の無数の島々が連なる美しい風景が広がる。公害による瀬戸内海の汚染が進む前であった。海は青々として空もまた青かった。目の前を数個の島がゆっくりと通り過ぎるとまた別の数個の島が現れて通り過ぎて行く。時折、島々の間を船が通る。何とも言えないのどかな光景だった。

私はスケッチブックを持っていたので、甲板に座って島々の風景をスケッチした。視界の端から端まで美しい多島海の絶景。幕末に来日した外国の地理学者たちが「世界一美しい」と絶賛した瀬戸内海の「多島美《たとうび》」。一時間くらいの旅だったと思う。やがて目的地である豊島《てしま》の家浦港へ到着する。

豊島は小豆島の西方約四キロに位置する面積約一四平方キロメートルの島で所属は香川県であるが岡山県に近く、特に家浦港は岡山県玉野市の宇野港に近い港であった。私たちは家浦地区にある宿舎に向かった。滞在は一週間くらいの期間であったと思う。宿舎は全員が泊まれる大きな木造の建物だった。すぐ近くに長い砂浜があり、砂浜は松の茂る小山まで続いていた。砂浜の後ろの丘陵も生い茂る松林で覆われていた。

毎日先生の指導の下に水泳の練習をしたり、自由に泳いだりした。夕食はいつも魚の煮付けとご飯だった。魚の煮付けは小さくて売り物にならないような魚やくずの魚を醤油で煮付けたものでぐしゃぐしゃになっていて形はなかった。野菜は出なかった。滞在中一度だけスイカが一切れ出たことがあった。

私たちが訪れるずっと後のことであるが、豊島では一九七〇年代後半から九〇年までに豊島総合観光開発（株）という産廃処理業者により大量の産業廃棄物が不法投棄され、「ごみの島」と呼ばれるようになった。この国内最大級の産業廃棄物投棄事件は、長期にわたって、豊島の住民を悩ませることになったが、平成一二年（二〇〇〇）に香川県と住民との間で公害調停が合意された。平成三〇年（二〇一八）には産業廃棄物の全量撤去が終わったが、さらに土壌汚染の回復工事が必要で令和七年（二〇二五）に工事が終了予定であるが、まだ完全に解決したわけではないのである。

私たちが訪れたのはそんな産廃事件が起きる二〇年も前の豊島で、瀬戸内海に浮かぶ自然豊かな島であった。食べ物こそ粗末であったが、遠浅の海で泳ぐのは楽しかったし、滞在最後の日の夜に先生方が企画してくれた「肝試し《きもだめし》」はことのほか思い出深い。

夕食も終わって真っ暗になってから、生徒たちは一人ずつ決められたコースを回って元の場所へ戻ってくる。島の夜は本当に真っ暗である。浜辺を歩いて山の方に向かうと海は深くなって藻が沢山浮かんでいて女の人の長い髪の毛のように見える。浜辺から山道に入る。山道を進むと風が吹いてきて提灯が揺れたり、お化けや幽霊が出てくる。初めての道だし、何が出てくるのかわからない、ドキドキしながら進む。墓場を通った時には幽霊や火の玉のようなものが出た。怖かったのを覚えている。かなり長い道のりであった。三－四キロはあったろうか。元の場所に戻った時には、ほっとした。

もう子供ではない中学生を怖がらせるために先生方は随分工夫したものと思われる。松林の中の山道は真っ暗だったこと、知らない道であったことなども恐怖を増す要因であった。とにかくスリル満点の経験であった。翌日、私たちは家浦港から船に乗って、岡山へ帰った。京橋の船着き場には母が迎えに来ていた。

先に述べたように、中学校の卒業式で卒業生を代表して読んだ「答辞」では、この臨海学校のことに触れた。楽しかった日々、特に最後の日の「肝試《きもだめ》し」のことなどが思い出されて力を入れて原稿を書いたのを覚えている。

●高校、そして大学へ

昭和三七年（一九六二）の春、私は中学校を卒業して岡山県立岡山朝日高等学校に入学した。この高校は藩校の流れをくむ旧制中学校（明治七年（一八七四）創立）を前身とし、旧岡山城（烏城）の本丸に校舎が設けられていたが、昭和二〇年（一九四五）六月の岡山大空襲により、城と共に校舎が焼失した。その後、昭和二五年（一九五〇）に国富の旧制第六高等学校跡地を校地として借用することが可能となり、昭和三二年（一九五七）に大蔵省（現財務省）よりこの地を正式に譲与された。以後、この国富の地に校舎が建てられ、私は、昭和三三年（一九五八）に建設された新しい校舎で勉強した。旧制一中時代から教壇に立っている先生もまだ健在で、質実剛健の気風が顕著であった。(6) 火の気のない教室は非常に寒く、ある生徒の母親がＰＴＡの会合で「お弁当のご飯がとても冷たいので温めて頂くことはできないでしょうか」と言うと、先生の答えは、「弁当が冷たいなんて。冷たい飯でもバリバリ食うようでなければだめだ」というものであった。

懐かしく思い出すこともいくつかある。一年生の夏休みには瀬戸内海の本島（香川県塩飽《しわく》諸島）での臨海学校に参加した。宿舎や海で先生と雑談をする時間もあって学ぶことも多かった。生物の辻先生は水泳も得意であったが、海の生物についていろいろ教えてくれて、ウニを岩にぶつけて割って塩水で洗って食べる方法なども伝授してくれた。辻先生は戦時中、徴兵されて汽車で岡山を出る時、見送りの人たちに大声で「俺は生きて帰るぞーっ」と言ったら、後で憲兵が尋問に来たというようなことも話してくれた。

一年生の秋には第一七回国体（国民体育大会）が岡山県で開催されて、私たち一年生女子はそろいの緑色のピーターパンのような洋服を着てマスゲームをした。何回も繰り返される練習は退屈だった。

また恐らく二年生の時だったと思うが、広島・宮島方面へ学年全員で修学旅行に出かけた。宮島は非常に美しかった。広島では、原爆ドーム、原爆の子の像[7]、そして資料館を見学した。資料館には原爆投下により爆心地近くで負傷した人々の様子などが再現されていて強烈な印象を受けた。

その後高校二年生の時、在校生の代表として「送辞」を読んだ。何を言っていいか悩んだが、何とか先輩の卒業生を励ます言葉を考えて書いた。担任の先生が後で一言ねぎらってくれた。高校三年生の一年間については受験勉強をしたこと以外には思い出すことは少なく、あっという間に過ぎて行ったような気がする。

大学⑧

●東大の入学式

昭和四〇年（一九六五）の春、私は高校を卒業して東京大学に入学し、東京で新しい生活を始めた。四月に東大の本郷キャンパスの安田講堂で行われた入学式では、大河内一男総長の式辞があった。

大河内総長は「肥った豚よりも痩せたソクラテスになれ」という言葉で有名であ

る。この言葉は昭和三九年（一九六四）の卒業式の式辞で語られた、あるいは語られたことになっている言葉であるが、最近確認してみたところ、総長の式辞の原稿には、「昔J・S・ミルは『肥った豚になるよりは痩せたソクラテスになりたい』と言ったことがあります」と書かれているか、しかし実は、総長は卒業式の本番ではこの部分を読み飛ばしていて、実際には言っていないというのである。(9) しかしこの言葉は新聞やテレビで大きく報道されたので、総長の言葉として広く知られるようになったというわけである。さらにこの三年後に起きた東大紛争の時、総長として全共闘と対峙することになった大河内総長は、学内外で大きな注目を浴びるようになり、全共闘の中にはシニカルなニュアンスで総長を「痩せたソクラテス」と呼ぶ学生もいた。

いずれにしても、私が出席した昭和四〇年（一九六五）の入学式は伝統のある大学らしい厳粛な雰囲気の中で行われ、高い壇上で式辞を述べた総長の姿は印象に残っている。入学式の日は式が終わってから、一緒に入学した同郷の友人と東大の学生であった彼女のお兄さんと三人で学生食堂へ行き、目玉焼きの乗ったハンバーグステーキの昼食を食べた。

ちなみに、昭和五〇年（一九七五）以降、東大の入学式は日本武道館で行われるのが恒例となっている。新入生が増え、安田講堂に入りきれなくなったことなどが理由である。さらにそれ以前は安田講堂には新入生本人だけしか入ることができなかったが、武道館で開催されるようになってからは、一人の学生につき二名までということで両親をはじめ家族関係者も参加できる。音楽部管弦楽団や合唱団による学生歌や応援歌の演奏もあり、エンターテインメントの要素も加味されている。我々の頃とはかなり雰囲気が変わったようである。

●駒場時代

東京大学の一・二学年の授業は駒場キャンパスで行われる。駒場キャンパスは、昭和二五年（一九五〇）三月にＧＨＱの指導による学制改革に伴って旧制第一高等学校が廃止されるまで、一高が所在していた校地である。一高時代の校舎、広々とした運動場、キャンパスの中を東西に走るメインストリートのイチョウ並木など、一高から受け継いだものも多く、付近の田園風景も相まってのどかな雰囲気を醸し出していた。

駒場では入学生は選考した第二外国語ごとにクラス分けされ、私はＬⅢ５Ｄ（文科Ⅲ類フランス語選考の五組）というクラスに入った。入学して間もなく、先輩によるちょっとしたオリエンテーションのような行事があった。先輩に案内されて駒場キャンパスに隣接する旧前田邸の庭を散策した。加賀百万石の大名であった前田家の本邸であるが、当時はまだ整備も進んでおらず、庭へは隣の東大から自由に入ることができた。緑の木々の間をクラスのみんなと歩いた。現在では整備されて「目黒区立駒場公園」になっている。

また井の頭線「駒場東大前」駅近くのとんかつ屋の二階でコンパがあり、クラスのメンバーが集まって会食し親睦を深めた。さらに女子学生は「女子学生の会」に入会した。「女子学生の会」は駒場の一年生と二年生の女子学生が集まって、情報交換をしたりよもやま話をしたりして、親睦を深める会である。その年に東大に入学した女子学生は約一〇〇人で、一学年の全学生数が約三〇〇〇人であったから、女子は全体の三％くらいだったことになる。就職のことはよく話題になった。ある先輩が電力会社に就職試験を受けに行った時のこと、「うちは女性は採用していないんです」と言われたので、その先輩が「どうしてですか」と聞いたところ、「じゃあ、あなたは電信柱に登れますか」と言われ、「登れます」と言って本当に電信柱に登ったという話などを聞いた。

また学生運動に誘われることもあった。いわゆる「オルグ」[10]である。私は誘われるままに、二、三回、日比谷公園の集会に行ったり、デモに参加したりしたが、長続きはしなかった。セツルメント運動[11]をやっている先輩もいてこれにも誘われたが、こちらには参加したことはなかった。

家庭教師のアルバイトをやったり、クラスの友人たちとハイキングや旅行に行ったりした。たまに「休講」で授業がなくなった午後などは、クラスの友達と渋谷で映画を見たりしたが、それ以外は授業にはほとんど休まず出席した。

特に印象に残っているのは、丸山真男教授の政治学の講義である。丸山教授は当時五〇代前半で、戦後民主主義のオピニオンリーダーとして発言を行い、アカデミズムの領域を越えて大きな影響を与えていたので、講義は非常に人気があった。講義は大学に入ったばかりの一年生にもわかりやすく、面白かった。言葉の定義に関しても綿密で、「政治的でない」という場合にもいくつか意味があり、「非政治的 non-political」、「反政治的 anti-political」、「無政治的 a-political」はそれぞれ違った意味を持つことなど、興味深かった。日本と西洋の文化・思想をそれぞれササラ型とタコツボ型に類型化して対比し、わかりやすく説明したのもこの講義だったと思う。(12)

学期末試験の時には、答案用紙を配りながら、「皆さんがどのような政治的、思想的な立場をとっているか、またどのような立場から答案を書いているかということ自体は、点数に影響を与えない」というようなことを言った。逮捕歴を持つリベラリストの彼らしい配慮であった。

丸山教授はその四年後に体調を崩し、昭和四六年（一九七一）五七歳で東大を早期退職したので、丸山教授がこの時期に本郷の法学部から駒場に来て一・二年生のために講義をしてくれたこと、私がその講義を聞く機会を得たことは運がよかったと思う。その後何年かたって彼の著作を多く読むようになった。特に日本のファシズムについての分析を含む『現代政治の思想と行動』は名著で興味深かった。英訳も読みやすい良い訳で、こちらも非常に参考になった。駒場で二年間を過ごしたのち、私は文学部社会学科に進学し、本郷のキャンパスに通うようになった。

●学園紛争

ちょうどこの頃から、ベトナム戦争や昭和四五年（一九七〇）に迫っていた日米安保条約改定に対する反対運動が沸き起こる中、全国の大学キャンパスを舞台に学生運動が活発になっていた。また世界的にもこうした動きが大きなうねりとなっていた。まず米国において学生運動をきっかけに、政治的、社会的、文化的反乱が全国的に波及した。米国ほど大規模ではないが、これに匹敵する政治的な扇動活動と社会的文化的騒乱が西ヨーロッパで、また日本で相次いで発生した。こうした騒乱は学生運動の範囲を超えて広がり、若者、知識者層、労働者、反核平和運動団体など多くの集団がこうした反体制運動に参加した。

昭和四三年（一九六八）－昭和四五年（一九七〇）に日本で起きた全共闘を中心とする大学紛争もこうした騒乱と軌を一にするものであった。私が通っていた東京大学でも昭和四三年（一九六八）一月のインターン制度の改善を求める医学部の紛争に始まり、紛争は全学に広がっていった。私の所属していた文学部でも集会が開かれた。私もその集会に出席した。二〇〇－三〇〇人の学生が出席していた。教授たちと学生の間に激しいやり取りがあった。教壇の上にいた教授の一人が「しかし我々は一生懸命教えてきた」と言った。すると間髪を入れず、学生が大声で「何を教えてきたんだ」と応酬する。

こんな具合で教授たちは理論武装した学生たちを抑えることは到底できなかった。六月には文学部の学生自治会が無期限ストライキに突入し、これを皮切りに、夏休みをはさんだ一〇月初旬までに、東大の全一〇学部の学生たちが、続々と無期限ストライキを開始していくことになった。

●騒乱の中、アメリカへ旅立つ

こうした騒乱の中、私は昭和四三年（一九六八）、大学三年生の時に、産経新聞社主催の海外留学のための試験に合格して「サンケイスカラシップ」という奨学金を授与され、アメリカに一年間留学することになった。当時は大学在学中の公費留学を支援する海外留学奨学金は、非常に数少なく、為替レートが一ドル三六〇円の時代に渡航費、生活費、授業料を過不足なく支給してくれるこの制度は非常に有り難かった。

一九六八年の九月、私はアメリカへ旅立った。

アメリカではオハイオ州のオックスフォードという町にあるウェスタン女子大学の四年生に編入されて一年間滞在した。ウェスタン女子大学は一八五三年に女子のための神学校として創設され、一八九四年に女子大学となった。(13)

芝生の美しい緑豊かなキャンパスのあちこちに煉瓦や石造りの古い建物が建っていた。当時アメリカでもカリフォルニア大学バークレー校やコロンビア大学をはじめ、多くの大学で学生運動が盛り上がっていたが、広大なとうもろこし畑に囲まれた小さな町にある私の大学は静かであった。しかしベトナム戦争はまだ終結しておらず、アメリカでは全国的に若者の間で反戦運動が広がり、ヒッピー文化が全盛であった。

ボブ・ディラン作詞・作曲、ピーター・ポール＆マリーのカバーで大ヒットした「風に吹かれて」（“Blowin' in the Wind”）がよく歌われており、大学の寮では友達の部屋に何人か集まって誰かがギターを弾き、歌を歌ったりすることがあったが、この歌をよく歌った。「砲弾が永遠に禁じられるのはいつのことなのか」と問いかけるこの歌は反戦歌であるが、歌いやすいフォークソングである。

ちなみに私がアメリカでこの歌を歌った時から半世紀を経た二〇一六年にディランは、七五歳でノーベル文学賞を受賞した。フォークソングでノーベル賞を受賞することになるとはディラン自身全く予期していなかったことで、本人は非常に驚いていたようである。そんなディランの作品中、「風に吹かれて」は、現在に至るまで最も愛唱されることの多い歌曲となっている。

●大学を卒業して再び渡米

日本の大学紛争はアメリカでも報道されており、一九六九年一月の東大闘争のクライマックス「安田講堂攻防戦」のニュースはウェスタン女子大学の寮のテレビで知った。

その年の九月、米国から帰国すると大学紛争はようやく静まりかけたところで、ゼミナールも再開していた。留学による一年の休学に加えてさらに紛争のために二か月遅れ、一九七〇年の五月に東大を卒業することになった。大学卒業後、一時外資系の経営コンサルティング会社に勤務したが、もう一度アメリカで勉強したいと思うようになり米国の大学院へ行くことにした。一九七一年にボストン大学社会学部の大学院の博士課程に入学した。指導教官のマイケル・ユーシーム教授は非常にリベラルな人で、よく自宅に招いてくれた。私が卒業してから一〇年くらい後に彼はペンシルバニア大学のウォートン・スクールに移った。その後も私が彼を日本に招いたりして今でも良い友人である。

ボストン大学に在学中にもう一人生涯を通じて交流をするようになった社会学者がいる。一九七〇年代前半に英国のケンブリッジ大学からボストン大学に客員で教えに来ていたアンソニー・ギデンズ教授である。彼は一九九六年までケンブリッジ大学の教授を務めた後、一九九七年にロンドン・スクール・オブ・エコノミクスの学長になり二〇〇三年まで学長を務めた。その間に「第三の道」を提唱し、トニー・ブレア英首相に大きな影響を与えた。(14)

一九九五年には私が彼を日本に招いて講演をお願いしたこともある。彼はイギリス人らしい辛辣《しんらつ》なユーモアが得意で、一緒に食事をする時でも議論をするのが好きだった。二〇〇四年に男爵の爵位を授与され、終身の貴族院議員となった。ユーシーム教授もギデンズ教授も私がボストンで初めて会った時に三〇代で若かったことが幸いして、半世紀近くたった現在も二人とも元気で、今でも私たちは交流を続けている。

さて私が大学院に入学した一九七一年に話を戻すと、一九七一年から一九七七年まで米国ボストン大学の大学院の博士課程に在学した。この間にコースの履修や資格試験を終え、博士論文のための調査研究を進めた。ボストン、およびチャールズ川を挟んでボストンに隣接するケンブリッジには合わせて一〇年近く住んでいたが、学生生活を送るには非常に良い場所であり、住みやすいところであった。ケンブリッジは、市名のもととなったイギリスの同名の都市同様、全米を代表する大学都市であり、ハーバード大学やマサチューセッツ工科大学（ＭＩＴ）がキャンパスを構えており、学生が多い。

ボストンはまた、マサチューセッツ湾に面し魚介類が豊富である。毎週金曜と土曜にボストンの中心部で開かれる青空市であるヘイマーケットでは、湾岸で取れた牡蠣《かき》やハマグリを開いたものが殻付きの生で皿に並べられて売られ、客はその場でレモンをかけて食べることができる。イタリア街、中華街には、それぞれの国の料理を提供するレストランが並ぶ。ノースエンドのイタリア人街にはイタリア料理店、パン屋、総菜屋が集まり、ダウンタウンのチャイナタウンには様々な中華料理店、飲茶店が並ぶ。一般に値段はリーズナブルである。

またボストンは、建国以来まだ数百年しかたっていないアメリカにとっては古い街で、日本やドイツのように戦災によって建造物が大規模に破壊されることがなかったので、古い建物が多い。私がボストンやケンブリッジで住んでいたアパートや家もすべて築一〇〇年以上のものだった。市の中心部や古い地区にはジョージア様式の煉瓦造りの建物が連なり、数百年の歴史を感じさせる街並みが続く。

ボストンの東南約六四キロのところにあるプリマスは、一六二〇年一二月にメイフラワー号で大西洋を横断してこの地に上陸した一〇二人の清教徒、ピルグリム・ファーザーズが入植した場所である。プリマスは、マサチューセッツ最初の入植地である。またボストン近郊のレキシントンは一七七五年のアメリカ独立戦争で最初の本格的戦闘が行われた場所である。ボストン近郊のコンコードに貯蔵されていた植民地側の軍需物資の押収に向かったイギリス軍と、その知らせを受けてかけつけた植民地側民兵が途中のレキシントンで衝突した。植民地民兵はミニットマンと呼ばれ、レキシントンの戦いは彼らの最初の活躍の場となった。ミニットマンという名称は、「招集されると一分（1 minute）で準備を整える」ということに由来する。戦場となったレキシントンの市内中心部の広場にはミニットマンの像が建立されている。

七月四日の独立記念日（インデペンデンス・デイ）には毎年レキシントンでパレードなどの催し物があり、ボストンのチャールズ川の河畔では大型の花火が打ち上げられ、市民や観光客で賑わう。

先ほど述べたように、私はボストンとその近郊に一〇年近く住んでいたが、一九七七年には博士論文の執筆を続けながらボストンを離れることになった。その前年の一九七六年に、マサチューセッツ工科大学（ＭＩＴ）で学位を取得し同大学で研究員として勤務していた渡邉正孝と結婚し、一九七七年にはオーストリアにある「国際応用システム分析研究所（ＩＩＡＳＡ）」に研究員として勤務することになった夫と共にオーストリアに渡ることになったからである。

私たちはオーストリア滞在を終えて一九七八年に日本に帰国、茨城県つくば市に落ち着き、それぞれ研究所に勤めたり、大学で教えたりすることになった。私は一九七九年に博士論文の執筆を終え、一か月余りボストンに滞在して論文を大学に提出し、審査委員会による学位審査を受け、学位を取得した。その後、つくば市に住むようになってから一〇年余りたった一九八九年に次章で紹介する思いがけない出来事が起きる。

掲載写真

岡山大学教育学部附属小学校。著者が通った頃の校舎。岡山空襲（昭和20年（1945）6月）により校舎の大部分が焼失し、終戦直後にこの木造の校舎が建てられた。（昭和26年（1951）撮影） 昭和39年（1964）に鉄筋コンクリートの校舎に建て替えられた。（岡山大学教育学部附属小学校提供）

昭和33年（1958）、小学6年生の時の遠足。右から3人目が 吉元孝郎先生。左から3人目が著者。リュックの中から先生があげるおやつを取り出そうとしているところ

中学校の英語の教科書『ジャック　アンド　ベティ（Jack and Betty）』
（開隆堂出版　昭和28年（1953））

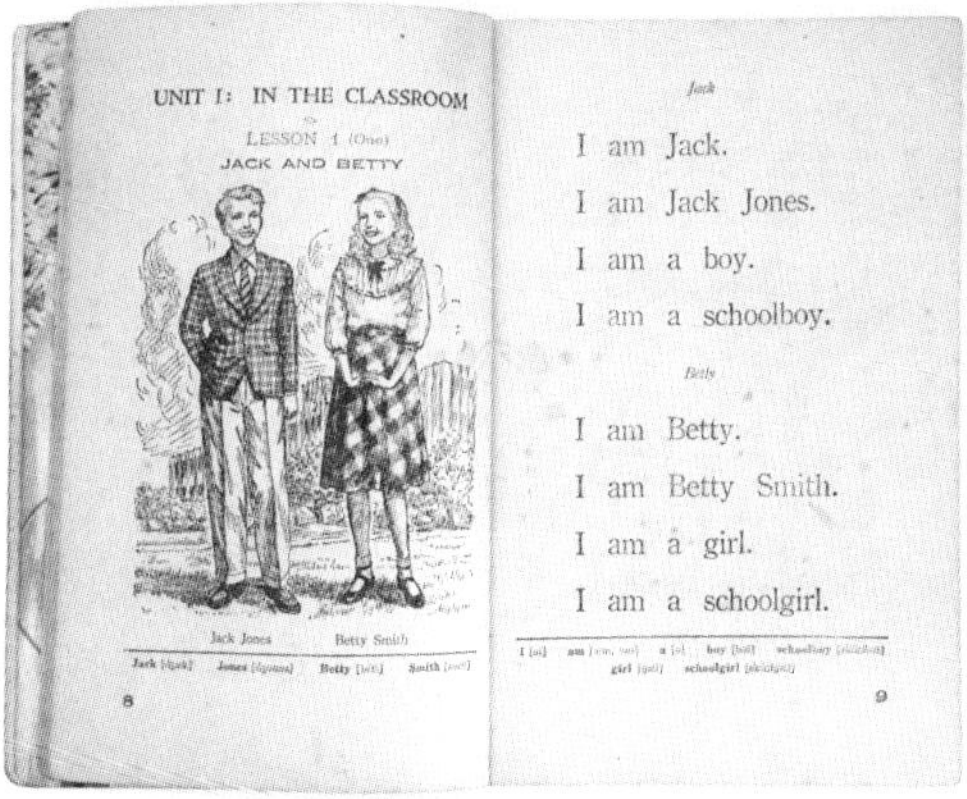

『ジャック　アンド　ベティ（Jack and Betty）1st Step）』8-9頁

多島美を誇る瀬戸内海の景色。（広島県三原市提供）

昭和34年(1959)、
中学1年生の時の臨海学校、
旭丸で豊島へ向かう。
(岡山大学教育学部附属中学校提供)

昭和34年(1959)、
臨海学校で。準備体操。
(岡山大学教育学部附属
中学校提供)

朝日高校の前身、岡山中学校の校舎が旧岡山城(烏城)城郭内に設けられていた頃の写真。城を背景に生徒が写っている珍しい写真で、明治35年(1902)4月、離任する校長を送別する際の記念撮影。一緒に写っているのは尚志会(生徒会)部長および幹事一同。
(岡山県立岡山朝日高等学校提供)

Western College for Women のキャンパスへの入り口。写真は1900年から1906年の間に撮影されたものであるが、写っている2人の女性の服装を除いてこの光景は著者が滞在した時も変わっていなかった

著者が留学中に滞在していた寮、Mary Lyon Hall.（1934年築）

昭和43年（1968）－昭和45年（1970）に起きた東大紛争のクライマックス、昭和44年（1969）1月の「安田講堂攻防戦」と言われた時の光景を写したもの。（東京大学男女共同参画室都河明子氏提供）

第6章

紀子様のつくば訪問

平成元年（一九八九）の秋のことであった。学習院大学の川嶋辰彦教授から拙宅に電話があった。その年の八月に秋篠宮文仁親王（私たちはその頃まだ礼宮様と呼んでいたが）と婚約が内定したお嬢様の紀子様がつくばを訪問されるということである。

八月末の新聞にはご婚約内定についての記事と共に紺地に白の水玉模様のワンピースを着てにこやかに微笑む紀子様の写真が掲載された。私たち夫婦は川嶋先生ご夫妻を以前から存じ上げていたので、ことのほか喜ばしく思った。その後間もなくのことであったので、川嶋先生から電話があった時、夫は『やんごとない』方からだよ」と言い、その表現が何ともぴったりなので私は思わず笑ってしまった。

訪問の詳細について川嶋先生や奥様と何度か電話でお話をすることになった。つくばでは国立環境研究所を訪問して海洋研究や赤潮問題について話を聞き、一一月二八、二九、三〇日と筑波大学で日本心理学会の大会が開催されるので、それに参加されるということであった。結局第一日目に国立環境研究所を見学され、そのあと拙宅に来られて私ども一家と夕食を共にされ、その晩はつくば市内のホテルに泊まり、翌日は日本心理学会の大会に参加されるということになった。

さて、この出来事の一二年前のことになるが、私どもは昭和五二年（一九七七）にオーストリアで初めて川嶋先生ご一家と知り合いになる機会を得た。学習院大学教授をされていた川嶋先生はその頃、オーストリアのウィーンの郊外ラクセンブルクにある国際応用システム分析研究所（IIASA）に研究員として招かれたため、一家でオーストリアに滞在されていた。私たちも、米国のマサチューセッツ工科大学（MIT）の研究員であった私の夫がIIASAに研究員として招かれたため渡墺、川嶋先生ご一家と交流することになった。

ラクセンブルクはウィーン南方に一五キロ、車で約三〇分の場所に位置し、ハプスブルク家の狩猟場であった広大な敷地に離宮や城が建っている自然公園で、市民の憩いの場ともなっている。IIASA本部となっている宮殿、ラクセンブルク城は、女帝マリア・テレジアが、一七五二年に一六世紀以来の宮殿をロココ調に改装したものである。二階の大会議室にはマリア・テレジアの肖像画が飾られ、宮殿の最上階には、マリア・テレジアが真ん中に座り、両側に男女一六人の子供たちが並んでいる大きな絵が壁全体に描かれていた。この子供たちの中には後にフランス国王ルイ一六世の王妃となり、フランス革命で処刑された一一女のマリー・アントワネットも描かれている。

私たちと川嶋先生ご一家は、同じＩＩＡＳＡ付属の保育所に子供を預けていた。そんな事情もあって私は先生の奥様とよく立ち話をした。私たち夫婦には生後三か月の長男の肇がおり、必要な時には肇を同じ敷地内にあるＩＩＡＳＡ付属の保育所に預けるようにしていた。川嶋先生ご一家は、ご夫妻、長女の紀子さん、長男の舟ちゃんの四人で渡墺されていた。紀子さんは当時一一歳でウィーンにあるインターナショナル・スクールに通っており、弟の舟ちゃんは四歳で、肇と同じＩＩＡＳＡの保育所に通っていた。

この保育所は、ＩＩＡＳＡの職員や研究者のための保育所で、ゼロ歳から就学前までの様々な年齢の子供たちを預かっていた。肇のようにまだ小さく、眠っているだけの乳児もいれば、四、五歳の遊びたい盛りの活発な子供もいた。スタッフも少ない小さな保育所ではその年齢差になかなか対応しきれず、舟ちゃんが退屈してしまうので困るというようなことを奥様は話しておられた。川嶋先生が呼び出されることもあるということだった。私にとって子供を保育所に預けるのは初めての経験だったので参考になる話が多かった。

さて話は飛んで一二年後の平成元年（一九八九）一一月二八日の紀子様のつくば訪問のことになる。紀子様はつくばに到着されてまず国立環境研究所を訪問され、海洋研究、特に赤潮問題の研究、また大気汚染の研究について話を聞いたり施設を見学したりされた。

国立環境研究所を訪問された後、紀子様はつくば市内にある我が家を訪問された。夫に案内されて紀子様は我が家の玄関に入られ、にこやかに挨拶された。「お姫様」という言葉がぴったりの大変きれいな方だった。お化粧はほとんどされていないようであったが、色白で頬はバラ色、笑顔はこぼれんばかりで爽やかだった。紀子様はチャコールグレイのスーツに赤とグレイの花模様のブラウス、髪はポニーテールにしてブラウスと共布のリボンをつけておられた。とても自然な感じだった。当方は、私、小学校六年生の息子の肇、小学校二年生の娘の万里子がお迎えした。

私たちはしばらく居間で談笑した。私はキッチンにいたので、ずっと見ていたわけではないが、紀子様はピアノに向かって座っている娘の万里子のそばに座って、何かお話しして下さっている様子であった。何か教えて下さっていたのかもしれない。それから万里子がピアノで小曲をいくつか弾いた。紀子様はとても喜んで下さって大きな拍手を下さった。私がキッチンにいる間、紀子様は子供たちに話しかけて下さった。万里子に「あちらでお母さんは何を作っていらっしゃるの」というようなことを尋ねられた。万里子は「柿のサラダ」と答えた。紀子様は「柿のサラダはお洒落ね」と言われた。そのコメントこそとてもお洒落だったので印象に残っている。その頃我が家ではサラダによく柿を入れていたので、万里子はこのように答えたのであろう。サラダの中身が何であったかは思い出せないけれど、その日のサラダにも柿が入っていたことは確かである。やがて食事の用意ができたので、みんなで食卓についた。

食事は私の手料理で、メイン・ディッシュは、鶏丸ごと一羽の中に米や野菜を詰めて中華鍋でゆっくり煮こむ料理で、アメリカにいた時に中国人の友人に教えてもらったもので、帰国してからも来客がある時などによく作っていたものである。食事をしながら、いろいろとおしゃべりした。私が「これから今までとは違う世界に入っていくことになるかもしれませんが、いかがですか。心配になることはありませんか」と聞くと、紀子様は努力して少しずつ慣れていきたいと思うとおっしゃった。紀子様はすでに新しい世界にも随分慣れていらっしゃる様子であった。

デザートを頂いてからまたみんなで居間に移って談笑した。私は大学で経営学と社会学を教えており、紀子様が大学院で研究されている心理学とは近い分野であったので、それに関連したお話もした。社会学や心理学でよく議論されるいくつかのテーマについてもお話しした。さらにはウィーンのこと、IIASAのこと、舟ちゃんと肇が通っていた保育所のこと、私たちが住んでいたバーデンというラクセンブルク近郊の町のこと、など話は尽きなかった。

楽しい時間が過ぎていったが、楽しいことには終わりがあるのが常である。紀子様の翌日のスケジュールもあるので、九時頃であったと思うが、紀子様をつくば市内の宿舎であるホテルにお送りした。よく晴れた暖かい日であった。夜空の星がきれいだった。子供たちにとっては、美しいお姫様が銀河鉄道に乗ってうちに遊びに来て下さったようなものだった。

平成元年のことであった。それはまた六二年余り続いた昭和の最後の年でもあった。昭和天皇の喪が明けた翌平成二年（一九九〇）一月一二日に納采の儀が執り行われ、お二人の婚約が正式に決まり、同年六月二九日、結婚の儀が行われ、紀子様は秋篠宮妃となられた。

この年、私たちは思い出深い昭和という時代に別れを告げ、新しい平成という時代の幕開けを迎えたのである。

ウィーン郊外のラクセンブルク城：国際応用システム分析研究所（IIASA）本部の建物

つくば市にて。左から著者、紀子様、子供たち。（平成元年（1989））

つくば市にて。右が紀子様。（平成元年（1989））

つくば市にて。左から紀子様、著者、子供たち。（平成元年（1989））

おわりに

本書は昭和二〇年代から昭和最後の年（昭和六四年（一九八九））までの戦後四〇年余りの間に私が見たり経験したりしたことを書き記したものである。一章では、私が七歳の時、蒸気機関車でふるさとの岡山から東京へ旅した時のことが記されているが、それに続く二、三、四、五章では、昭和二〇年代、三〇年代に私が見た庶民の生活、風俗、文化、人間関係、時代精神などが記されている。これらの記述には私がよく知っている岡山という瀬戸内の地方都市での経験に基づくものが多いが、しかしそれらは、岡山に限らず、戦後昭和の日本の町や村の原風景であり、この時代を生きた多くの人々が共有する懐かしい風景でもある。

この戦後時代は日本の歴史にとって特別の意味を持つきわめて重要な時代である。終戦の日まで続いた空襲により全国二〇〇以上の都市が爆撃され、多くの人々が家族や家屋を失い、筆舌に尽くしがたい苦難を経験した。しかし壊滅状態になった街や学校の焼け跡にはやがて復興の槌音が響き始め、猛烈な勢いで再建がなされていった。戦後のこうした急速な復興を可能にしたのは、人々の意気込みと懸命の努力であり、そして人々の懸命の努力を支えていたのは、「明日は今日よりも良くなる」という信念と将来への希望であった。

多くの人々は貧しい中でも礼節を失わず、一定の倫理観を保とうと努力した。これからみんなで自由と民主主義の新しい国を作るのだという目標を共有していたので、日常生活の中で人々は助け合い、声を掛け合い、お世話になったら感謝の気持ちを忘れずにいつか恩返しをしたいと思い、人と人とのつながりを大切にした。「親切にしてもらったらそのお返しをする、すぐにお返しできなくてもいつかお返しするという気持ちを忘れない」、こうした社会的な通念（「互酬性規範」）が行き渡っている社会では信頼関係が醸成されやすい。洋の東西を問わず、一般に人間相互間に長期的な信頼関係がある社会は、住みよい社会である。[1]

戦後十数年間は苦労の多い時代では

あったが、多くの人がこうした社会通念を共有していたので、社会は住みにくくならず、多くの人が希望をもって頑張ることができたのである。

こうした新しい社会の雰囲気の形成に大きな役割を果たしたのが、昭和二〇年代から三〇年代にかけての学校教育である。当時の初等・中等教育にはこの時代特有の独特なエートス（気風）が漂っていた。それは日本が、自由と民主主義の新しい国に生まれ変わっていくのだという意識であり、新しい時代への希望であった。当時の教育の現場を大きく特徴づけていた自由や民主主義、そして「健全な批判精神」を尊重する気風は、この時代に初等・中等教育を受けた世代の文化的思想的志向、信念、世界観などに大きな影響を与え、また社会全体に大きな影響を与えた。またこうした雰囲気の中で熱気とエネルギーに満ちた文化も生まれていった。

戦後十数年間は厳しい時代ではあったが、このように多くの人が新しい時代の社会的雰囲気や倫理観を共有していたので、社会は殺伐とならず、戦災からの驚異的な復興が可能になり、その後の高度経済成長へとつながっていったのである。日本社会にはこのようなエートスや雰囲気あるいは倫理観が昭和四〇年代まではある程度行き渡っており、人々の日常生活の中に生きていた。しかし日本が高度成長を遂げるにつれて、こうしたものが次第に失われていったように思われる。さらに昭和が終わった頃から急速に普及し始めたインターネットやＡＩ（人工知能）技術は、こうした傾向に拍車をかけた。

インターネットによる情報通信システムの画期的進歩とその普及は、コミュニケーションの形態を変え、人間相互間の関係を大きく変えた。インターネットの普及やＡＩ技術の進歩により、私たちの生活は以前と比べて飛躍的に便利で効率的なものになっていった。またこうした技術の発達は生産性の向上にも大きく貢献した。しかし一方で周囲との人間関係が希薄になったことが指摘されている。日常生活の中で私たちに幸せを感じさせる、人と人との温かい関わり合い、あるいは深いつながりが次第に失われつつあることが懸念される。

人間関係のあり方は、私たちの精神的安定にとって、また健全な社会にとって非常に重要なものである。ハーバード大学での七五年間にわたる研究の結果、周囲との人間関係の質が人間の幸福度を決める最も重要な要因であることが示されたという。[2] つまり人間に幸せをもたらすのは、何よりもまず良い人間関係であるということである。

社会をもっと住みよいものにするために、今求められるものは何か。私たち一人一人の幸福感を増すために今できることは何か。こうした問いに答えようとする時、戦後昭和の世界を振り返り、当時の人と人との関わり合い、人々のモティベーションと倫理観、そして当時の時代精神を思い起こしてみることによって、貴重な示唆が得られるのではないかと思われる。本書が、戦後昭和の世界をこうした文脈において振り返ってみる一助となれば望外の喜びである。

本書の出版にあたっては、岡山大学自然系研究科等理学部事務室・総務担当および岡山大学総務・企画部広報課の方々、岡山大学教育学部附属中学校の先生方、また奉還町商店街の方々に資料、情報あるいは写真をご提供頂いた。厚くお礼を申し上げる。最後に、「昭和」への思い入れを共有し、折に触れて的確な示唆をくれた夫の渡邉正孝に深甚の謝意を表する。

各章の注

第1章

（1）豊島園は一九八〇年に名称を漢字表記の「豊島園」から平仮名表記の「としまえん」に変更した。

（2）「夢淡き東京」作詞・サトウハチロー、作曲・古関裕而。

第2章

（1）私たちが住んでいた官舎はその後も岡山大学の教員の官舎として使われたが、一九六九年から一九八五年にかけて木造の家屋は取り壊され、五階建ての鉄筋コンクリートの集合住宅が建てられた。現在は十二棟が建っている。

（2）現在の准教授に相当する。現在では「教授――准教授――講師」という職名を使っている大学が多いが、当時は「教授――助教授――講師」という職名が使われていた。

（3）山岡望『六稜史筆』（文庫）（「六高の残照」より）内田老鶴圃新社、一九七五年。

（4）消えゆく岡山寮歌祭――香川大学解体新書――Ameba
https://ameblo.jp/ssasamamaru/entry-12290970302.html

（5）日笠俊男『B-29墜落：甲浦村1945年6月29日』吉備人出版、一九九六年。

（6）藤井学ほか『県史　岡山県の歴史』（第一版）山川出版社、二〇〇〇年。

（7）奇跡の池田家文庫　www.cc.okayama-u.ac.jp/～kimazu/paper/doc/ikeda2017.pdf　岡山

城の天守は一九六四―六六年に鉄筋コンクリートにて再建され、二〇二一―二二年に耐震補強、外壁塗装などを含め大規模に改修された。

戦争・戦災体験記（60周年事業）――岡山市　2．岡山大空襲

（8）

https://www.city.okayama.jp/kurashi　戦争・戦災体験記：岡山大空襲

岡山大空襲　岩井 里子　73歳（注：執筆当時の年齢、執筆は二〇〇五年。）

１９４５年（昭和20年）６月29日未明、岡山大空襲の日、あの日の事は何十年経た今でも涙がにじみます。当時13歳だった私は、岡山市奉還町通りで餅屋をしていた父と母、14歳の姉、11歳の妹、６歳の弟と６人家族で仲良く暮らしていました。

真夜中の事、階下から「空襲だ！　早く起きて」と母の大きな声でびっくりして飛び起きました。いつ空襲があるかわからないので、枕元にきちんと畳んであるモンペを大急ぎで着て、隣に寝ている弟にも服を着せて、２階の窓を開けて東の方を見ると岡山駅あたりが真っ赤に燃え上がっていました。母は救急袋を肩に掛け、塩のざるを持ち出し「塩さえあれば何日かは生き延びられるから」と言ったので、わし掴みにしてポケットに入れました。私は弟の手を引いて一家６人、久し振りに昨夜から泊まりに来ていた早島の伯母と７人で西に向かって逃げました。

旧西警察署の前のあたりまで逃げてきた時、私は突然大きなショックを受け、それっきり意識不明になってしまいました。どの位の時間が経過したのか解りませんが、うっすらと意識が回復しかけた時、私は路上に横たわり両足左腕がひりひりして痛い、だんだん意識がはっきりするにつれ痛さも激しさを増したので上半身を起こすと、意識を失う前と全く異な

り、武本木材店や、そこらの住宅からも火の手が上がり路上には何人もの人が転がっています。肉親を探す叫び声や走り回っている人やらで修羅場と化していました。

見ると私が手を引いていた弟も転がっています。そうこうしていると母がやってきて、慶ちゃん（妹）が死んだと言います。色白だった妹は顔はきれいなのに、お尻のたぶが半分とんで即死だったそうです。母が弟を抱き上げると全身火傷で、虫の息の下から「お水お水」と言うけれど断水して水もないので母は、からからの喉から唾を出して飲ましてやったら間もなく弟も息を引取りました。

田植え前で田んぼに水が張ってあり、それに燃えあがる炎の赤い影が揺らめいていた事をはっきり覚えています。

西署前の大通りより少し北に入った所に被服工場の若草寮というのがあって、そこに父や姉も収容されているとの事で、私も気が立っていたので、痛い足を引きずりながらも寮へ辿りつきました。停電して暗闇の中でしたが大勢の怪我人や焼死した人が収容されていました。その中で姉も全身火傷で意識はありますが、あまり言葉も出ず苦しんでいます。一番頼りの父まで大火傷で心臓のすぐ横に焼夷弾の破片がささっている由、けれども意識ははっきりしていて家族の事を心配していました。「わしが死んだらお前が困る！…」と母に言っていました。父は店の事、餅屋組合の事、町内の事とお世話が多く、達筆でソロバンも達者でしたので、皆から頼られていました。…

まだ夜が明けない内に父の臨終が来ました。しかし灯がないものですからマッチをすりすり父の死に顔を見ました。一瞬の出来事であまりにも過酷な現実に頭がついていけないのか、涙が出なかったような気がします。母が「お父ちゃんも慶ちゃん（妹）も務ちゃん（弟）も死んだ。八重ちゃん（姉）と里ちゃん（私）と三人で頑張って暮らそう」と言うと姉は頷いた様でしたが、夜が白む頃には息を引き取りました。とうとう二人きりになってしまいました。

家族が次々に死に、一度に力が抜けてしまうと今度は自分の火傷に気が付き、見ると両足首左腕に大きな水ぶくれが幾つも出来ていて一歩も歩けません。少し熱も出てきた様です。遺体を荼毘に伏すのも各自で始末してくれとの事、女子供ではどうする事も出来ないので、西京町に住んでいる伯父に手伝ってもらって自宅の焼け跡で雨の中、4人のお棺を焼いたのです。私は大火傷で高い熱が出て、伯父の家で寝ていたので、その場に立ち会えませんでしたが、その場にいた母の心情を思うと断腸の念で、いたたまれない気がします。まるで地獄絵の様だったと言います。岡山に居たのでは、私の治療は出来ないと一週間程して、早島の伯母の家に疎開しました。何もかも失った私達母娘のその後の暮らしは、筆舌に尽くしがたいものがあります。

現在の平和は尊いものです。戦争はむなしいものです。戦争を知らない若い世代の人に少しでも分かってもらいたく、重い筆をとった次第です。

（注：文中の送り仮名については、内閣告示「送り仮名の付け方」（一九七三年六月）に従って原文の表記を変更した箇所がある。）

（9）日笠俊男『米軍資料で語る岡山大空襲』吉備人出版、二〇〇一年。

（10）六高官舎は、新制岡山大学開設後はそのまま岡山大学教官の官舎として使われたが、一九六九年から一九七五年にかけて五階建ての鉄筋コンクリートの集合住宅に建て替えられた。岡山大学開設に際し、旧陸軍兵舎の大部分は取り壊されて鉄筋コンクリートの近代的な校舎が建てられたが、残されたいくつかの建物は、現在も大学の施設として利用されており、国の文化財に指定されているものもある。章末の写真参照。

(11) 山岡望『六稜史筆』(文庫)(「八高の残照」より)内田老鶴圃新社、一九七五年。

(12) 第2章　注(2)参照。

第3章

(1)「欲ない、夢ない、やる気ない」……現代日本の最大の危機はこの「3Y」にある https://www.sankei.com　コラム　正論　作家・堺屋太一　2016/3/2

(2)『紅孔雀』主題歌、北村寿夫作詞・福田蘭童作曲。

(3) 長谷川町子原作の漫画『サザエさん』は新聞連載の四コマ漫画で一九四六年に福岡の地方新聞『夕刊フクニチ』で最初の連載を始めた。その後いくつかの新聞に連載され、朝日新聞には二〇年以上にわたって連載された。この漫画を原作とするテレビアニメ『サザエさん』は、一九六九年にフジテレビ系列で放送開始以来、二〇二三年時点で放送年数五三年を超える長寿番組で、世界で最も長く放映されているテレビアニメ番組としてギネス世界記録を保持している番組である。

(https://ja.wikipedia.org / wiki / サザエさん)

(4) サラリーマン年収/年次統計　https://nenji-toukei.com / n / kiji / 10022

第4章

（1）本書第2章で述べたように、岡山空襲の記憶を風化させず後世に伝えていくための取り組みの一環として、二〇〇五年度に戦後六〇周年を記念し、市民から寄せられた「戦争・戦災体験記」記録の取りまとめが行われた。この中に奉還町で餅屋を営んでいた方の被災の記録があるので注として引用させて頂いた。第2章　注（8）参照。

（2）奉還町四丁目の愉しみ――おかやま街歩きノオト
https://machinooto.exblog.jp / 238002580　2017/11/20

（3）奉還町四丁目の愉しみ――おかやま街歩きノオト
https://machinooto.exblog.jp / 238002580　2017/11/20

（4）国勢調査による岡山市の人口は一九四〇年には一六万三五五二人であったが、二〇一五年には七一万九五〇〇人になった。

第5章

（1）東京大学の学生歌「足音を高めよ」は、作詞・平井富夫（東京大学文科二類一九五二年入学）、作曲・末広恭雄（東京帝国大学農学部水産学科一九二九年卒）。

（2）童謡「子鹿のバンビ」は、作詞・坂口淳、作曲・平岡照章。

（3）F・ザルテン著、高橋健二訳『バンビ』岩波少年文庫、一九五二年。

（4）一九五二年に壺井栄が発表した小説に基づいて一九五四年に公開された映画。木下恵介監督。松竹大船撮影所製作。

（5）高度成長期、教師の採用枠が増人し、教師の志願者のほとんどが容易に就職できるような状況が生じた。この頃、「教師に『でも』なろうか」「教師に『しか』なれない」といった消極的な動機から教師の職に就いた　無気力でやる気のない教師を揶揄する言葉として「でもしか教師」という言葉が出現した。

（6）一中の正式の名称は（旧制）岡山県第一岡山中学校（一九二一年―一九四八年）。

（7）原爆の子の像は、広島県広島市の広島平和記念公園内にある、佐々木禎子（像のモデル、原爆による白血病により一二歳で死去）の像。同級生らによる募金運動により作られた。

（8）本項の中の記述の一部、海外での事象などについては年号を西暦表記にした。

（9）二〇一五年に東京大学教養学部長であった石井洋二郎教授の式辞による。八年間拡散され続ける、東京大学での「名式辞」全文「善意の…」デイリー新潮　https://www.dailyshincho.jp/article/2023/03240610/

（10）オルグとは、左派系団体や政党、宗教団体などが組織拡大のために、上部機関から派遣されて労働者や学生など大衆に対して勧誘活動を行うこと。

（11）セツルメント運動とは、知識人、学生、宗教家たちが、都市部の貧困層の生活改善や自立を目指してスラム街などの貧しい地域に拠点や施設を設け、支援する社会運動。

（12）丸山は、西洋と日本の文化・思想を比較考察し、ササラ型とタコツボ型に類型化した。西洋の文化や諸科学は共通の根元から分化した多くの細枝をもつ竹のササラ（簓）のようであるが、日本のそれはそれぞれに孤立した壺（つぼ）が並列的に連なっているだけで互いに連係を欠くタコツボ型だとした。丸山真男著『日本の思想』岩波新書、一九六一年。

（13） ウェスタン女子大学（Western College for Women）は、一九七四年、同じオックスフォードにあるマイアミ大学（Miami University）に併合された。

（14） Anthony Giddens, *The Third Way*：*The Renewal of Social Democracy*, (Cambridge, UK: Polity Press, 1998)（邦訳　佐和隆光訳『第三の道――効率と公正の新たな同盟』日本経済新聞社、一九九九年）

おわりに

（1） Francis Fukuyama, *Trust: The Social Virtues and Creation of Prosperity* (New York：Simon and Schuster, 1995) pp. 29-32.（邦訳　フランシス・フクヤマ著、加藤寛訳『「信」無くば立たず―「歴史の終わり」後、何が繁栄の鍵を握るのか』三笠書房、一九九六年）

（2） 研究グループのメンバーである心理学者ロバート・ウォールディンガーの報告による。
https://www.bigspeak.com / makes-good-life-r... What makes a good life? Robert Waldinger Has Three ...　　2018/03/30

装画　渡邉肇　渡邉葉奈

〈著者紹介〉
渡辺聰子（わたなべ さとこ）

中央大学研究開発機構教授
上智大学名誉教授　社会学者

岡山市出身。東京大学文学部社会学科卒業。ボストン大学大学院博士課程修了、ボストン大学より Ph.D.（社会学博士号）取得。国際大学助教授（1990-97 年）、上智大学総合人間科学部教授（1997-2012 年）を経て、2014 年より中央大学研究開発機構教授、現在に至る。ロンドン・スクール・オブ・エコノミクス客員教授、経済産業省・産業構造審議会委員、文部科学省・科学技術学術審議会委員、日本学術振興会審査委員などを務める。

専門分野は、経営社会学、組織論、人的資源、国際経営、社会政策。

〈主要著書〉

Japanese Management for a Globalized World: The Strength of the Lean, Trusting and Outward-Looking Firm. Palgrave Macmillan, 2018

『グローバル化の中の日本型経営―ポスト市場主義の挑戦』同文舘、2015 年

『日本の新たな「第三の道」―市場主義改革と福祉改革の同時推進』（アンソニー・ギデンズと共著）ダイヤモンド社、2009 年

『グローバル時代の人的資源論―モティベーション・エンパワーメント・仕事の未来』東京大学出版会、2008 年

『ポスト日本型経営―グローバル人材戦略とリーダーシップ』日本労働研究機構、1997 年

『生きがい創造への組織変革―自己実現至上主義と企業経営』東洋経済新報社、1994 年

私《わたし》が見《み》た昭和《しょうわ》——
伝《つた》えたい時代精神《じだいせいしん》と文化《ぶんか》と力《ちから》

2024年6月14日　第1刷発行

著　者　　渡辺聰子
発行人　　久保田貴幸

発行元　　株式会社 幻冬舎メディアコンサルティング
〒151-0051　東京都渋谷区千駄ヶ谷4-9-7
電話　03-5411-6440（編集）

発売元　　株式会社 幻冬舎
〒151-0051　東京都渋谷区千駄ヶ谷4-9-7
電話　03-5411-6222（営業）

印刷・製本　中央精版印刷株式会社
装　丁　　荒木香樹

検印廃止

Printed in Japan
ISBN 978-4-344-69062-2 C0095
幻冬舎メディアコンサルティングＨＰ
https://www.gentosha-mc.com/